Horst Schörshusen

Die spirituelle
Evolution
des Menschen

Der Sinn des Ganzen

Teil III

Zum Autor

Horst Schörshusen

Diplom-Politologe und Politiker, war lange Jahre in Leitungsfunktionen in der niedersächsischen Landesverwaltung tätig. Hat Politikwissenschaften, Soziologie und Volkswirtschaftslehre in Hamburg studiert. Wohnt in Hannover, ist verheiratet und hat drei Kinder.

Er beschäftigt sich seit vielen Jahren mit wissenschaftlichen und spirituellen Themen. Hat bereits zwei Bücher zum Thema „Sinn des Ganzen" geschrieben und eine eigene Philosophie dazu entwickelt. Jetzt hat er dazu seine Trilogie veröffentlicht.

Horst Schörshusen

Die spirituelle Evolution des Menschen

Der Sinn des Ganzen

Teil III

Für

Marco, Rabea,

Lara und Christine

Impressum:

Bibliografische Information der Deutschen Nationalbibliothek:
Die Deutsche Nationalbibliothek verzeichnet diese Publikation in der Deutschen Nationalbibliografie; detaillierte bibliografische Daten sind im Internet über http://dnb.dnb.de abrufbar.

© 2021 Horst Schörshusen

Herstellung und Verlag: BoD – Books on Demand, Norderstedt

ISBN: 9783753491370

Inhaltsverzeichnis

Einleitung

Wir sind ein Teil des Ganzen und ein Produkt des Universums. Heute wissen wir, dass dieses Universum sehr alt und sehr groß ist. Der Urknall, die Schwarzen Löcher und das quantenphysikalische Nullenergie-Feld weisen darauf hin, dass es noch mehr Dimensionen zusätzlich zu unserer Raumzeit geben könnte. Es gibt noch eine Welt, in der es keine Zeit und keine Materie gibt. Eine jenseitige Welt, die wir mit Hilfe von Nahtod- und Nachtoderfahrungen und über besondere medial begabte Menschen erforschen können. Außerdem stehen wir über unsere Intuition möglicherweise in einer Verbindung dazu und bekommen ein Gefühl für ganzheitliche Sichtweisen und zukünftige Möglichkeiten.

In den ersten beiden Teilen meiner Trilogie zum „Sinn des Ganzen" habe ich mich mit dem Wesen und der Zukunft des Homo sapiens und dem Wunder des Makro- und Mikrokosmos beschäftigt. In diesem Teil möchte ich dem Ursprung unseres spirituellen Wesens und Wissens auf den Grund gehen. Seit der Homo sapiens etwa vor 60.000 Jahren in Afrika erschien, hat er über den Ursprung seiner Welt nachgedacht und sich ein Bild von den Kräften, die sein Leben bestimmen, machen wollen. Dabei haben einzelne Menschen besondere spirituelle Erfahrungen gemacht, auf denen teilweise unsere Weltreligionen zurückzuführen sind.

Unsere Vorfahren haben unterschiedliche Vorstellungen entwickelt, um sich die Welt zu erklären. Die meisten uralten religiösen Texte enthalten eine Schöpfungsgeschichte zur Erschaffung der Erde und des Menschen. Für die frühen Menschen gab es keine Zweifel daran, dass ihre Welt von einem übermenschlichen Wesen erschaffen worden ist. Die Erschaffung der Welt durch göttliche Wesen bzw. einen Gott wird unterschiedlich dargestellt. Im Folgenden möchte ich deshalb einen kleinen Überblick über die verschiedenen Denkweisen und Regelwerke geben.

Danach möchte ich die heutigen wissenschaftlichen Erkenntnisse den Mythen, Legenden und religiösen Botschaften gegenüberstellen und die offenen Fragen diskutieren. Dabei geht es mir besonders um die Beantwortung der Frage nach einer begründbaren Spiritualität, die uns den Sinn des Ganzen erschließen könnte. Ich bin mir sicher, dass wir diese Antworten benötigen, damit der Homo sapiens seinen nächsten Evolutionsschritt bewältigen kann. Ohne ein Gefühl der Einheit mit den Menschen und der Natur werden wir keine glaubwürdige Wende zur nachhaltigen Nutzung unserer Umwelt hinbekommen. Die Wiederentdeckung unserer spirituellen Seite ist wahrscheinlich die Grundvoraussetzung dafür, dass wir als Art überleben können.

Meine Motivation

Warum ich mir die Frage nach dem Sinn des Ganzen stelle, kann ich aus meiner Lebensgeschichte erklären. Als Politikwissenschaftler bin ich es gewohnt, immer erst die Frage nach den dahinterstehenden Interessen und dem gesellschaftlichen Kontext zu stellen. Man könnte das auch die „Relativitätstheorie der Politologie" nennen. Wenn man den Standpunkt, die Interessen, die Vernetzung und die Geschichte einer Person kennt, erst dann kann man die Meinung dieser Person hinsichtlich des Wahrheitsgehalts und ihre Glaubwürdigkeit beurteilen und im entsprechenden Kontext verstehen.

Ich habe einen erlebnisreichen und erfolgreichen Weg als „Politik-Mensch" hinter mir und wichtige Erfahrungen in der parlamentarischen Demokratie und der Ministerialverwaltung machen können. Ich habe an vielen Entscheidungen in den Bereichen Klimaschutz, Atomausstieg und Agrarwende teilgenommen. Dabei sind mir viele Dinge im Politikbetrieb aufgefallen.

Politik richtet sich zuallererst an den Verstand und hofft auf Überzeugung, um unser Verhalten zukunftsorientiert zu beeinflussen. In einer immer komplexer werdenden Welt scheinen die Regierungen oft überfordert zu sein, nachhaltige Lösungen voranzubringen. Die Politikverdrossenheit hat zugenommen. Trotzdem gibt es zur Politik in einem demokratischen System keine grundsätzlichen Alternativen, wenn die Interessen und Meinungen aller Menschen einer Gesellschaft einbezogen werden sollen.

In der Welt der Politik spielen Interessengruppen, Intrigen, Egoismen, Gefühle und Dogmen eine genauso große Rolle wie in der Berufswelt. Es gibt Menschen, die wollen das Alte bewahren und es gibt Gruppen, die wollen Änderungen herbeiführen. Es gibt Personen, die nur ihre Karriere verfolgen und Menschen, die das Ganze und die Zukunft im Blick haben. Die Politik ist wie das normale Leben. Manchmal gefühlvoll und chaotisch, manchmal geheimnisvoll und manchmal lösungsorientiert. Mit der Frage nach einer sinnvollen Politik in einer bedrohten Welt habe ich mich also intensiv beschäftigt.

Menschen agieren zunehmend emotional und intuitiv auf die komplexer werdende Umwelt. Politiker bzw. Politikerinnen nutzen das entweder aus oder stehen verständnislos davor. Menschen trauen aus Erfahrung immer weniger einfachen Lösungen bei komplexen Fragen. Darauf hat die Politik noch keine Antwort.

Ich habe diese Buchreihe insbesondere vor dem Hintergrund einiger persönlicher Erfahrungen geschrieben, die ich noch nicht abschließend verarbeiten konnte. Ab meinem ersten Lebensjahr hatte ich nämlich insgesamt 10 Situationen erlebt, in denen ich hätte sterben können. Das hat mein Leben sehr geprägt, da ich trotzdem das Gefühl hatte, vor nichts Angst haben zu müssen.

Um zu erklären, warum ich mich gerade mit Fragen zwischen Leben und Tod beschäftige, möchte ich ein besonderes Erlebnisse aus meinem Leben erzählen:

Als ich 18 Jahre alt war, verbrachte ich einmal einen schönen Nachmittag mit einer Freundin auf einer kleinen Elbinsel. Die Sonne schien. Der Himmel war blau. Wir saßen entspannt am Strand und beobachteten die vorbeifahrenden Schiffe. Es waren kein Alkohol oder Drogen im Spiel. Ich fühlte mich richtig wohl in meiner Haut. Plötzlich schaute ich in eine andere Richtung und sah jemanden am Strand mit einem Mädchen sitzen. Die waren uns irgendwie ähnlich und genauso gekleidet. Ich schaute hoch konzentriert genauer hin und ... erkannte mich selbst. Ich saß da und schaute in meine Richtung. Ich bekam eine panische Angst, dass ich nicht mehr in meinen Körper zurückkehren könnte, und hatte die Befürchtung, jemand hätte mich dort verdrängt. Im selben Augenblick war mein Bewusstsein wieder in

meinen Körper zurückgekehrt und der Blick wieder gen Elbe gerichtet. Meine damalige Freundin hat davon nichts mitbekom-
men. Der Tag war für mich erst mal gelaufen...

Dies war das Schlüsselerlebnis meines Lebens schlechthin. Seitdem war mir klar, dass ich auch außerhalb meines Körpers existieren konnte und vielleicht sogar meinen eigenen Tod überleben
kann. Da ich mir dieses Erlebnis aber nicht richtig erklären
konnte, habe ich es eine Zeitlang mehr oder weniger verdrängt.
Aber, wenn ich mal daran denke, dann wiederholt sich diese
Szene in einer ungeahnten Klarheit.

Dieses Erlebnis hat mich nie mehr losgelassen. Seit langer Zeit
sammle ich deshalb wissenschaftliche und spirituelle Erkenntnisse, um mir diese außerkörperliche Erfahrung erklären zu können. Diese Buchreihe ist das Ergebnis meiner vielen Recherchen.

Antworten der Philosophie

Die Philosophen sind schon immer diejenigen gewesen, die das Ganze und nicht nur die Teile betrachtet haben. Ein wesentliches Instrument zur Erkenntnis ist – zumindest bei den westlichen Philosophen – immer der logische Verstand gewesen. Was haben also unsere Philosophen zu den Antworten auf die Grundfragen des Lebens beizusteuern? Was haben sie insbesondere zum Bedürfnis nach Selbstverwirklichung und zur spirituellen Seite des Menschen zu sagen?

Die westliche Kultur hat schon früh die individuelle Entwicklung des einzelnen Menschen als hohen Wert beschrieben. Schon Sokrates hat im 4.Jahrhundert v. Chr. festgestellt, dass die Aufgabe des Einzelnen die Selbsterkenntnis sei, um zum „wahren Menschen" zu werden. Nach seinem Schüler Platon ist die Seele des Menschen unsterblich. Erkenntnis ist ein Wiedererinnern von etwas, das die Seele im Reich der Ideen gesehen hat, aber im Körper des Menschen vergessen hat.

Der Geist der griechischen Philosophen scheint in neuer Form den Geist des Menschen im 3.Jahrtausend zu beflügeln. Seit dem 17.Jahrhundert hat uns der Skeptiker und Aufklärer René Descartes maßgeblich im Denken beeinflusst und das Zweifeln an der Wirklichkeit und an sich selbst zur Erkenntnismethode eines modernen aufgeklärten Menschen gemacht. Widersprüche zu erkennen war seitdem das Hobby aller namhaften großen Denker und Denkerinnen.

Die „Einheit der Widersprüche" zu betonen ist aber seit langer Zeit ein wichtiges Element des östlichen Gedankengebäudes, das das Wesen der Natur im Lichte moderner Wissenschaft vielleicht sogar besser beschreibt.

Wenn man sich die wichtigsten Aussagen unserer Philosophen anschaut, bleibt das unbefriedigende Gefühl, dass alle Philosophen irgendwie auch Recht behalten haben.

„Ach muss es schön sein, nicht mehr zu zweifeln, sondern wieder unerschütterlich zu glauben!" sagen sich heute wieder viele Menschen und schließen sich irgendeiner Fundamentalreligion an. Einen fragenden und Sinn suchenden Geist wird dies aber nur kurzzeitig befriedigen. Was wir heute brauchen, ist eine wissenschaftlich begründete Weltsicht, die die Grundfragen der Menschheit beantwortet und uns auch politisch den Weg weist. Ich bin mir sicher, dass die Naturwissenschaften in diesem Punkt schon heute mehr leisten, als gemeinhin wahrgenommen wird. Aber schauen wir doch mal, was einzelne bekannte Philosophen zu diesen Fragestellungen beizutragen haben.

René Descartes (1596 – 1650)

Von ihm stammt die eigentlich schlichte Feststellung: "Ich denke, also bin ich." (in Lateinisch: "Cogito ergo sum"). Das war damals fast revolutionär, da man bis dahin die Welt nur als Welt von Objekten angesehen hatte. Descartes machte nun erstmalig einen grundsätzlichen Unterschied zwischen der subjektiven und objektiven Weltsicht. Nur was man auch messen konnte, gehörte der wahren objektiven Welt an: Gestalt, Ausgedehntheit, Bewegung und

Zahl. Qualitative Beschreibungen waren häufig Sinneswahrnehmungen und deshalb unterschiedlich.

Descartes hat ein mechanistisches Weltbild zurückgelassen und die Rolle der Mathematik hervorgehoben. Die Vernunft, die Logik und das systematische Zweifeln sollten Grundlage einer wissenschaftlichen Denkweise sein, die religiöse Glaubenssätze ablösen sollte.

Ein oft zitierter Satz von Descartes zeigt den erkenntnistheoretischen Hintergrund der nächsten Jahrhunderte auf: „Wenn ich an allem zweifle, kann ich doch nicht daran zweifeln, dass ich zweifle." Die Frage, was denn nun dieses „Ich" authentisch und besonders macht, blieb aber lange Zeit im Hintergrund.

Descartes hat die Trennung von Geist und Materie als Basis für wissenschaftliches Forschen eingeführt und damit die Grundlage für die Trennung von Glauben und Wissen geschaffen. Diese Vorstellung ist heute noch sehr populär.

Thomas Hobbes (1588 – 1679)

Dieser Philosoph ist noch einen Schritt weitergegangen. Er malte ein düsteres Bild vom Menschen, der nur seinen Selbsterhaltungstrieb kennen würde, wobei jeder gegen jeden Krieg führt. Der Mensch würde sich gegenüber seiner eigenen Art wie ein Wolf verhalten, war sein Fazit („Homo homini lupus"). Die Erhaltung des Menschen durch einen sorgenden Gott war nach seiner Sicht der menschlichen Geschichte ein frommer Wunsch, der aber nicht den Tatsachen und Erfahrungen entsprach.

Da rechthaberische Religionen die Selbstzerfleischung der Menschheit verursacht haben, sollten Religion und Staat in Zukunft absolut getrennt werden.

Gerechtigkeit dürfe nicht mehr von der jeweiligen Weltanschauung abhängig gemacht werden. Freiheit und Eigentum und ein starker gerechter Staat sollten den Menschen den Rahmen für eine stabilere Entwicklung garantieren. Eine Vorstellung, die heute sehr modern klingt. Bundeskanzlerin Angela Merkel hatte im Jahre 2006 die Werte Freiheit und Gerechtigkeit ausgerufen, um einen programmatischen Reformprozess in ihrer Partei anzustoßen.

Hobbes hat sich intensiv auch mit der Persönlichkeitsentwicklung der Menschen beschäftigt. Sein Fazit war, dass wir als unbeschriebenes Blatt auf die Welt kommen und durch unsere Sinneswahrnehmungen und Erfahrungen eine einzelne Persönlichkeit entwickeln. Dabei ist der „Stoff, aus dem die Subjekte sind, die Zeit".

Gottfried Wilhelm Leibnitz (1646 – 1716)

Als Begründer einer eher idealistischen Denkschule versuchte Leibnitz neben der materiellen Welt wieder eine geistige Welt zu beschreiben, die eigene Kausalzusammenhänge aufweist. Die Persönlichkeit der Menschen würde durch die jeweilige Zusammensetzung aus Geist-Atomen, die er „Monaden" nannte, bestimmt. Diese waren aber rein hypothetischer Natur, da sie keine Ausdehnung und Gestalt besitzen sollten. Sie sollten aber Träger der Emotionen und der Vernunft sein und als verschieden durchlässige Spiegel des Kosmos wirken.

Über diese geistigen Elementarteilchen würde Gott alles Geschehen beeinflussen können. Leibnitz ist aber dann bei der Rechtfertigung Gottes gescheitert, der das Übel in der Welt nicht verhindern würde, obwohl er es eigentlich könnte. Gott als Verursacher bzw. Nicht-Verhinderer der Kriege hatte ausgedient.

Fast niemand glaubte mehr daran, dass Gott die Glückseligkeit der Menschen als Ziel verfolgte. Gott konnte nur noch als der richtende und strafende Gott verstanden werden. Viele fühlten sich von ihrem Schöpfer aber eher allein gelassen. Jetzt stellten sich die Menschen deshalb zum ersten Mal in der Geschichte auch die Schuldfrage selbst. Aber schuld waren natürlich immer die anderen.

Jean-Jacques Rousseau (1712 – 1778)

Rousseau postulierte einen neuen Gegensatz. Die von Gott geschaffene Natur sei grundsätzlich gut, nur die menschliche Gesellschaft sei schlecht und müsse umgewandelt werden. Die wilde und kreative Natur wurde zum Vorbild für eine sich wandelnde Gesellschaft gemacht, die Gefühle, die Echtheit und Ehrlichkeit groß schreibt. Diese romantische Vorstellung von der Natur spielt heute immer noch eine große Rolle, obwohl Darwin diese Vorstellung nachhaltig entzaubert hat. Der Geist Gottes scheint in der Natur noch erkennbar zu sein. Ein „zurück zur Natur" schien die Lösung, um sich wieder stärker in die göttliche Schöpfung zu integrieren. Immer häufiger stellt sich seitdem die Frage, ob der Mensch nicht statt der „Krone der Schöpfung" zum größten anzunehmenden Unfall der Schöpfungsgeschichte mutiert ist.

Auch Rousseau sah in der Schaffung stabiler Gesellschaftsformen die einzige Überlebenschance des Menschen. Im Mittelpunkt sollte der

„Volkssouverän" stehen, der das objektive Gesamtinteresse der Bevölkerung vertreten sollte. Damit konnte man allerdings auch den revolutionären Terror rechtfertigen. Eine Gewaltenteilung als Kontrolleinrichtung war noch nicht angedacht worden.

Es hat sich gezeigt, dass diese Art von Gesellschaftsform, die auf der Spontaneität der Massen aufbaut, keine stabilen Systeme erzeugen kann, da Neid und Missgunst den Mächtigen schnell ein Ende setzen. „Die Diktatur des Proletariats" war noch nicht erfunden, um einen einzelnen Diktator wie Stalin oder Mao zu legitimieren. Macht war aber auch nicht mehr das Ergebnis einer Erbfolge. Jeder Mensch, der andere überzeugen konnte, war in der Lage, eine machtvolle Persönlichkeit zu entwickeln. Dieses potenzielle Selbstbewusstsein ist heute zum Inbegriff der Selbstwahrnehmung geworden. Wenn wir nur wollen, können wir alles erreichen ...

Immanuel Kant (1724 – 1804)

Immanuel Kant hat das Erkenntnisvermögen des Menschen noch mehr in Zweifel gezogen. In seiner 1781 veröffentlichten „Kritik der reinen Vernunft" hat er postuliert, dass wir Menschen eine Vorstellung von Raum und Zeit in den Erkenntnisprozess hinein tragen, die unabhängig von ihm nicht existiert. Kant hat aber auch mit seinem „kategorischen Imperativ" eine wichtige Regel für das menschliche Verhalten aufgestellt, deren Nutzen erst heute in sozialwissenschaftlichen Forschungen bestätigt wurde, nämlich: „Handle nur nach derjenigen Maxime, durch die du zugleich wollen kannst, dass sie ein allgemeines Gesetz werde."

Er hat sich als Philosoph mit den - seiner Meinung nach - wirklich wichtigen Fragen der Menschheit beschäftigt:

- Was kann ich wissen?
- Was soll ich tun?
- Was kann ich hoffen?

Kant hat nun die Rolle des Verstandes im Erkenntnisprozess entzaubert. Er postulierte, dass die von uns erkannten Gesetzmäßigkeiten und die entdeckte Struktur der Welt ursächlich auf den Verstand zurückgehen. Wir erkennen also auch Zusammenhänge, die in Wirklichkeit keine sind. Wir sehen Muster und Strukturen, weil wir sie sehen wollen. Diese „Kritik der reinen Vernunft" wurde zu einer wichtigen Grundlage bei den späteren naturwissenschaftlichen Versuchen, uns die Welt zu erklären.

Dieser Gedanke ist heute durch die Quantenphysik bestätigt worden. Die Rolle des Betrachters wurde in der Relativitätstheorie von Albert Einstein und im Rahmen der „Unschärferelation" des Quantenphysikers Werner Heisenberg zum Kern des physikalischen Weltmodells gemacht. Den Erkenntnismöglichkeiten werden damit neue Grenzen gesetzt. Absolute Wahrheiten werden immer schwieriger. Wahrheiten können nur noch definiert werden, wenn der Erkenntnisrahmen und damit der Bedeutungsraum erklärt werden.

Kant hat damit ein Problem beschrieben, dass bis heute nicht gelöst werden konnte. Jeder Erkenntnisrahmen ist historisch, technologisch und gefühlsmäßig beeinflusst. Immer steckt dahinter auch ein „Erkenntnis leitendes Interesse". Damit gibt es seitdem nur noch historische Wahrheiten, deren Halbwertzeiten begrenzt sind. Seitdem wissen wir oft nur noch, dass „wir eigentlich nichts wissen".

Diese neue Gewissheit hat einerseits zum Eingeständnis geführt, dass es viele wissenschaftliche Irrtümer gegeben hat und wir nicht wissen, wie lange unsere heutigen Erkenntnisse als wahr betrachtet werden können. Andererseits ist aber auch der Mut gewachsen, unkonventionelle Ideen vorurteilsfrei zu prüfen. Dies aber nur in dem Maße, wie sie sich noch im Rahmen gewisser wissenschaftlicher Glaubensrichtungen bewegen.

Auch die Wissenschaft liebt Dogmen. Dazu gehören z. B. die darwinsche Evolutionslehre, die Lichtgeschwindigkeit und die Vorstellung von Zeit und Gravitation. Sicher gehört dazu auch, dass es keine Geistformen außerhalb der Materie geben kann.

Georg Wilhelm Friedrich Hegel (1770 – 1831)

Auch Friedrich Hegel hat 1807 in der „Phänomenologie des Geistes" die Auffassung verstärkt, dass es keine ewigen Wahrheiten gibt, sondern sich die Erkenntnisse in einem historischen Entwicklungsprozess verändern und immer auch relativ zu dem jeweiligen Entwicklungsstadium betrachtet werden müssen. Laut Hegel bewege sich die Menschheit auf immer größere Selbsterkenntnis und Selbstentfaltung zu. Die Geschichte zeige eine eindeutige Entwicklung hin zu immer mehr Rationalität und Freiheit.

Nach Hegel sind die dialektischen Gegensätze der eigentliche Grund für die Dynamik. Er hat damit Erkenntnisse aus dem chinesischen Taoismus in den Westen geholt. Diese Art zu denken bleibt uns aber weiterhin fremd, auch wenn viele von uns vielleicht ihre Wohnung nach den Vorgaben des Feng-Shui einrichten und das I-Ging-Orakel kennen.

Bis Hegel war die Frage nach dem Sinn der Menschheitsentwicklung selten in den Mittelpunkt gerückt. Hegel hat diese Entwicklung optimistisch interpretiert und verschiedene Sprünge in der menschlichen Evolutionsleiter ausgemacht. Diese sollen sich nicht nur historisch in der Zunahme der Techniknutzung und damit der Naturbeherrschung ausdrücken sondern auch in einer dialektischen Beziehung zueinanderstehen.

Hegel hat Anleihen beim chinesischen Taoismus genommen und den ewigen Kampf zwischen den erstarrten Strukturen und neuen Bewegungen beschrieben. Hegel hat sozusagen aus der Geschichte der Menschen herleiten wollen, welche Entwicklungsziele des „Weltgeistes" sich dahinter verbergen. Hegel wollte das Naturgesetz der menschlichen Entwicklung aus der Strukturierung der Geschichte ableiten.

Die Muster Ackerbau- und Stammesgesellschaften, Sklavenhaltungsgesellschaften, Feudalsystem, bürgerliche Gesellschaft scheinen ursächlich aufeinander aufzubauen. Damit entstanden neue Ideologien, die von einer Interpretation der Entwicklungsdynamik der Geschichte ausgehen. Man musste nur noch das tun, was historisch „gewollt" ist und war auf der sicheren Seite.

Richtig ist sicher die Darstellung, dass die Entwicklung der Produktionsmittel entscheidend zur Veränderung der Bedürfnisstrukturen und Gesellschaftsstrukturen beigetragen hat. Ohne die Möglichkeit zur Nutzung der fossilen Energien wären die letzten 200 Jahre nicht denkbar gewesen. Die Entwicklung der Informations- und Medizintechnik bestimmt heute wesentliche Bereiche des Lebens. Nur hat das die Gesellschaften auch humaner gemacht?

Waffenhandel und organisierte Kriminalität sind genauso angewachsen. Die Brutalität des Menschen gegen Seinesgleichen ist nicht weniger aktuell. Früher standen die Landerweiterung und die Unterjochung von Menschen als kostenlose Arbeitskräfte im Mittelpunkt des Interesses. Heute ist es hauptsächlich die unersättliche Gier unserer Volkswirtschaften nach Rohstoffen und fossilen Energien.

Wahrheitsliebender sind die Mächtigen dabei auch nicht geworden. Der Irakkrieg der USA wurde z. B. größtenteils auf Lügen aufgebaut. Eigentlich haben die Menschen sich wenig geändert. Die geschichtliche Entwicklung der Menschheit hat sich auf den menschlichen Charakter und die menschlichen Ziele wenig ausgewirkt. Die Frage, ob die menschliche Evolution auf den Untergang abzielt oder auf eine Transformation bleibt also unbeantwortet. Der „Weltgeist" Hegels hat sich dazu ausgeschwiegen.

Arthur Schopenhauer (1788 – 1860)

Schopenhauer hat versucht, die Vorstellung von Descartes und Kant zu erweitern. Auch er geht davon aus, dass die Welt, wie wir sie sehen, grundsätzlich eine selbst erschaffene Fiktion ist.

Nur das eigene Ich kennen wir von innen und außen. Das Ich als Subjekt ist Wille, als Objekt ist es eine Vorstellung. Der Wille ist nach Schopenhauer blind, grundlos und unersättlich und hat nur sich selbst zum Ziel.

Daraus zieht er die trübsinnige Folgerung: „Das Leben gleicht einem Kinderhemd: Es ist kurz und beschissen". Die einzige Therapie, die Schopenhauer sieht, hat er sich aus dem Buddhismus geborgt: die

Verneinung und Abtötung des Willens und das Hoffen auf die Erlösung im Nirwana.

Erkenntnisgewinn der Philosophie

Unsere abendländischen Philosophen haben sich am intensivsten mit der Subjektivität von Erkenntnisprozessen beschäftigt. Aussagen zum Sinn des menschlichen Lebens finden sich fast gar nicht. Es werden Erkenntnismodelle entwickelt und ethisch-moralische Kriterien diskutiert, Staatsformen vorgeschlagen, um die Unzulänglichkeiten der Menschen kontrollierbar zu machen. Eine echte Hilfe zur eigenen Lebensplanung und -erkenntnis habe ich hier leider nicht gefunden. Auch zur Frage, was das Besondere an uns Menschen gegenüber der Tierwelt ist, werden keine Antworten geliefert. Seit Hegel stellen wir uns aber auch die Frage nach dem Sinn der Menschheitsentwicklung. Eine überzeugende Antwort habe ich bisher noch nirgendwo gesehen.

Der Philosoph Richard David Precht ist heute der am meisten gelesene und gehörte Denker seiner Zunft. 2020 hatte er sein Buch „Künstliche Intelligenz und der Sinn des Lebens" veröffentlicht. Leider hat er es nicht einmal geschafft, das Wissen der Philosophie zu diesem Thema zusammenfassend darzustellen und zu diskutieren. Er hat offensichtlich nur Erwartungen wecken wollen, damit sich sein Buch besser verkauft. Im ersten Kapitel wird das Thema noch als wichtig erwähnt:

„Wenn sich die Frage nach der technischen Zukunft auf verstörende Weise von der Frage nach dem Sinn des Lebens gelöst hat, so gilt es nun,

diese Dimension zurückzugewinnen. Und sie kennt vor allem zwei Fragen: »Wohin?« und »Wozu?«" [1]

Auf den 200 Seiten seines Buches kommt das Thema so gut wie nicht mehr vor. An drei Stellen versucht er dann doch noch eine Antwort zu finden:

„Die Frage nach dem Sinn des Lebens ist nicht von Natur aus daran gekoppelt, von neun Uhr morgens bis fünf Uhr nachmittags in ein Büro zu gehen und dort für Geld zu arbeiten." [2]

„Der Sinn des Lebens besteht nicht in schonungsloser Expansion und Ausbeutung aller Ressourcen für vergleichsweise geringen Glückszuwachs. Der Sinn des Lebens ist das Leben selbst, aber nicht im biologischen, sondern im existenziellen Sinn." [3]

Zumindest stimmt das Ergebnis seiner Recherchen, dass sich Maschinen mit Künstlicher Intelligenz die Frage nach dem Sinn gar nicht erst stellen. Die Frage, was das Leben für einen Sinn haben kann, wenn wir doch sterben müssen, wird nicht einmal gestellt. Am Schluss seines Buches stellt Precht richtig fest:

„Die Lektion der KI besteht nicht darin, rational zu werden wie Maschinen, sondern zu erkennen, was Rationalität nicht leisten kann." [4]

Die Frage nach dem Wesen der menschlichen Intuition und Emotion wird weder gestellt noch beantwortet. Das Thema Spiritualität kommt überhaupt nicht vor. Richard David Precht ist nicht in der Lage, zu erkennen, dass uns gerade die (westliche) Philosophie mit ihrer Betonung des vernünftigen, rationalen und logischen Denkens die Entwicklung künstlicher Intelligenzen ermöglicht hat. Er spürt, dass der rational denkende Homo sapiens im Wettbewerb mit der von ihm geschaffenen KI keine Chance hat. Precht sieht leider nicht, dass unsere sogenannte irrationale Seite das eigentliche Wesen des Menschen ausmacht.

Wir lassen uns eben nicht über unsere Art zu Denken definieren, wie es besonders Descartes versucht hat. Wir wissen heute, dass die wesentlichen Motive und Entscheidungsprozesse für unsere Aktivitäten im Unbewussten liegen und wir diesen Bereich nur über unsere Emotionen und Intuitionen erschließen können. Wir blicken ins Universum und sehen und messen dort nur 4 % unserer Wirklichkeit. Der Rest sind Dunkle Energie und Dunkle Materie. Wir können davon ausgehen, dass unser bewusster Verstand dem Unbewussten unserer Persönlichkeit im gleichen Verhältnis gegenüber steht.

Die Naturwissenschaften befinden sich aktuell in einer Erkenntniskrise, weil sie die Unberechenbarkeit und Zeitlosigkeit der Quantenwelt nicht verstehen wollen. Wir nutzen diese Welt mit technischen Mitteln, aber lehnen diese Welt als eigentliche Wirklichkeit weiterhin ab. Auch die Philosophie und Psychologie befinden sich in diesem Dilemma und kapseln sich ab, um ihre Dogmen zu erhalten. Viele Physiker und Physikerinnen haben heute – nach 50 Jahren Quantenphysik - den Mut, der eigentlichen Wirklichkeit auf den Grund zu gehen und ihre Weltsicht zu verändern. Dies wird in den nächsten Jahren auch die übrigen akademischen Disziplinen erfassen. Dort geht es dann nicht direkt um erkenntnistheoretische Probleme von Welle und Teilchen oder Zeit und Zeitlosigkeit. Es geht um Fragen zur Rolle unseres Verstandes und dem Verhältnis zur emotionalen und spirituellen Seite des Menschen. Letztendlich geht es um den Sinn des Ganzen. Dazu könnten die Naturwissenschaften und die Philosophie heute eine Menge beitragen, wenn sie sich trauen würden.

Sinnstiftung war bisher immer nur die Aufgabe der Religionen gewesen. Als spirituell interessierter Mensch, der keiner Kirche bzw. Glaubensrichtung angehört, versuche ich deshalb meine Sinnfrage auch über die verschiedenen Religionen zu beantworten. Dabei möchte ich die aktuellen Antworten möglichst undogmatisch und vorurteilsfrei beschreiben.

Das Erbe der Weltreligionen

Wissenschaft und Religion

Der überwiegende Teil der Weltbevölkerung ordnet sich einer der großen Weltreligionen zu und bezieht daraus einen wichtigen Teil ihrer Werte und Lebensvorstellungen. Warum ist das nach dem „Zeitalter der Aufklärung" immer noch so?

Die Physikerin Prof. Dr. Barbara Drossel erklärt dies so:

„Die Menschheit ist nicht weniger religiös geworden durch den Fortgang der Wissenschaft, eher im Gegenteil. Der Grund dafür ist, dass die wichtigen Lebensfragen von der Wissenschaft nicht beantwortet werden: Was ist der Sinn des Lebens? Gibt es eine Antwort auf das Leid in der Welt?" [5]

Der Begriff Religion kommt aus dem Lateinischen "re" (zurück) und "ligio" (verbinden) und bedeutet die Rückbindung des Menschen an übermenschliche bzw. göttliche Kräfte.

Religionen sind nicht allein mit vorwissenschaftlichen Erklärungen für Naturkräfte und vorgesetzlichen Regeln für das Zusammenleben zu erklären. Dahinter stehen auch spirituelle Erfahrungen über die tatsächliche Beschaffung unserer Welt, wie sie heute von der Quanten- und Astrophysik beschrieben werden. Es ist deshalb falsch, wenn man die Existenz von spirituellen Gemeinschaften - wie Yuval Noah Harari - ausschließlich auf Geschichten und Regelwerke reduziert. Damit wäre nicht zu erklären, dass nach der Aufklärung noch etwa 88 % der Menschheit mehr oder weniger fest mit diesen

Einrichtungen verbunden sind. Harari (*1976) meint in seinem Bestseller „21 Lektionen für das 21. Jahrhundert":

„Aller wissenschaftlichen Erkenntnis zufolge wurden diese heiligen Texte von fantasiebegabten Homo sapiens verfasst ... Sie sind nichts weiter als Geschichten, die von unseren Vorfahren erfunden wurden, um gesellschaftliche Normen und politische Strukturen zu legitimieren." 6

Da hat sich der israelische Historiker Harari seine Bewertung sehr leicht gemacht und unverhältnismäßig zugespitzt. Wir wissen, dass Teile der Bibel auch auf historischen Tatsachen beruhen und mit Mythen und Legenden ausgeschmückt wurden, um den Missionszweck zu erfüllen. Über Jahrhunderte hinweg haben dies auch weltliche Herrscher so getan, solange es noch keine unabhängige Geschichtsschreibung gab. Natürlich ist es dann immer schwer, im Nachhinein Dichtung und Wahrheit zu trennen.

Religionen bewahren aber auch noch die Erinnerung an spirituelle Erlebnisse, aber kleiden diese in neue Geschichten mit gesellschaftlichen Regeln als Kristallisationskern für große Gemeinschaften. Möglicherweise war das sogar der Grund, warum sich große und stabile Gesellschaften bilden konnten. Religionen lassen sich als eine Sammlung sinnstiftender Ideen beschreiben, die historischen Ursprungs sind und die Entwicklung der Menschen von Anfang an begleitet und beeinflusst haben. Das Bedürfnis nach Spiritualität und Sinnstiftung ist offensichtlich eine grundlegende Eigenschaft des Menschen, die soziale Kontakte und Gruppenbildung verstärkt, aber auch zur Ausgrenzung und Zerstörung der „Andersgläubigen" führen kann. Primatenforscher Prof. Dr. Volker Sommer:

„Menschen sind von Natur aus religiös. Denn Glaubensmuster sind sozial wirksam, schaffen Identität und Vertrauen innerhalb der eigenen Gruppe".[7]

Wie politische Weltanschauungen werden Religionen von den Führungseliten aber auch dazu eingesetzt, um die Masse der Menschen kontrollieren zu können und um das Verhalten auf bestimmte Ziele auszurichten. Religionen erzeugen stabilere Gesellschaften, indem Gemeinschaftsziele definiert und anti-soziale Elemente minimiert werden können. Sie müssen sich allerdings auch neuen Anforderungen an das Leben stellen und flexibel darauf reagieren. Hier hilft die gelebte Interpretation der religiösen Texte.

Wie können aber heute Texte im Sinne einer Lebenshilfe wirken, die mehrere tausend Jahre alt sind und noch aus der Ära des Menschen stammen, in der Ackerbau und Viehzucht im Vordergrund standen? Welche Werte und Verhaltensweisen machen auch heute noch Sinn? Welche Vorstellung von der Wirklichkeit hat heute noch Bestand im Zeitalter der Wissenschaften und der fast unbeschränkten Informationsmöglichkeiten? Welche Gemeinsamkeiten sind erkennbar? Gibt es eine Chance auf eine Weltreligion, die die Menschen eint und nicht weiter entzweit? Wie wird der Sinn des Lebens erklärt?

Als wissenschaftlich denkender Mensch und ewiger Zweifler hat man es nicht so leicht zu einer Weltanschauung zu kommen wie ein gläubiger Mensch. Gläubige werden meistens über Traditionen und das kulturelle Umfeld auf eine bestimmte Glaubensrichtung festgelegt, die auch gleich einer spezifischen Weltanschauung entspricht. Daran glaubt man dann häufig bis an sein Lebensende.

Der Glaube lebt davon, dass viele Menschen das Gleiche glauben. Auch wenn die wissenschaftliche Welt diese Glaubensvorstellung nicht bestätigt, ist das kein Problem. Glauben ist Glauben. Es gibt dann normalerweise Geschichten, die das Wissen ersetzen wie beispielsweise die Bibelerzählungen, die Worte Buddhas oder die Überlieferung der Offenbarung des Erzengel Gabriel durch den Propheten Muhammed. Da die Geschichten sehr alt sind und unter besonderen Umständen entstanden sind, werden sie oft nicht mehr infrage gestellt.

Damit hatte ich allerdings so einige Probleme. Ich bin in der evangelischen Kirche groß geworden. Im Religionsunterricht und Konfirmandenunterricht habe ich die wichtigsten Geschichten aus der Bibel kennen gelernt und was sie uns in Bezug auf ein christliches Leben sagen wollen. Doch schon kurz vor meiner Konfirmation sind mir die Widersprüche im Alten und Neuen Testament aufgefallen, die mich zweifeln ließen. Die Genesis und Menschwerdung, die Sintflut, den Marsch der Israeliten durch die Wüste habe ich noch glauben können. Der Gott des Alten Testaments und der Gott des Neuen Testaments haben aber wenig Gemeinsames. Einerseits der Gott Jakobs und Moses, der fast alles mit Gesetzen geregelt hatte und zornig wurde, wenn seine Befehle nicht befolgt wurden. Ein Gott, der die Ägypter mit 10 Plagen zwang, die Israeliten ziehen zu lassen und kein Problem damit hatte, alle Erstgeborenen der Ägypter zu töten. Ein Gott der Rache und Macht mit merkwürdigen Opferbräuchen. Ein Gott, der es liebt, Kriege zu führen und Städte wie Sodom und Ninive dem Erdboden gleichgemacht haben soll.

Dies soll der gleiche Gott sein, der aus Liebe zu den sündigen Menschen seinen Sohn kreuzigen lässt, um sich zu versöhnen? Plötzlich heißt es im Neuen Testament: „Segnet die, die Euch verfolgen!" Die Wandlung Gottes vom zornigen zum liebenden Gott habe ich nie nachvollziehen können. Wie kann man dann an die Bibel glauben, wenn sie so widersprüchlich ist? Die Kirche hat damit kein Problem. Nach Christus ist eben alles anders.

Aber auch im Namen Christi wurde viel Leid über die Menschheit gebracht. Die Kreuzzüge, die Ausrottung der Ureinwohner Amerikas, die Versklavung Afrikas, die Aktivitäten der Inquisition, der 30-jährige Krieg und in der heutigen Zeit: Der Missbrauch von kleinen Kindern in der Obhut einer Kirche.

Weder die Schriften des Christentums noch die Taten in der Geschichte haben mich deshalb gläubig werden lassen, obwohl mich spirituelle Themen immer brennend interessiert haben.

Die christliche Kirche befindet sich seit Langem in einer Glaubwürdigkeitskrise. Diese ist noch durch die Entdeckung der „Qumran-Rollen" größer geworden, da damit die Darstellung des Neuen Testaments und die Rolle von Jesus Christus infrage gestellt werden. In der Kirche eine verlässliche Antwort zur Sinnfrage zu finden wird also immer schwieriger. Ich gehöre deshalb seit mehreren Jahrzehnten keiner Kirche mehr an.

Mein Weg musste also ein Weg des Zweifelns und Wissens werden. Einfacher wäre es sicher gewesen, sich auf dem Markt der Glaubensrichtungen etwas Passendes auszusuchen. Ich habe mich auch hier intensiv umgeschaut. Aber überzeugt hat mich das nicht. Eine Zeit lang war also der Weg das Ziel.

Die Aufhebung der Teilung Deutschlands vor 30 Jahren hat sich auch auf die Entwicklung und Verteilung von Menschen ausgewirkt, die keiner religiösen Gemeinschaft angehören und als „Konfessionsfreie" in die Statistik aufgenommen worden sind. Aktuell bilden sie mit 36 % die größte Bevölkerungsgruppe. Während die Gruppe der eingetragenen Katholiken (28 %) und Protestanten (27 %) weiter abnimmt, gibt es immer mehr Menschen, die sich keiner Religion zugehörig fühlen. Es gibt auch immer mehr Menschen, die zu einer anderen Religionsgemeinschaft abwandern (4 %) oder muslimischen Glaubens sind (6 %).[8] Der Anteil der Konfessionsfreien ist in den Neuen Bundesländern besonders hoch und liegt dort bei durchschnittlich 80 %. In der Europäischen Union zählen sich allerdings noch 44 % zur Katholischen Kirche. Die Protestanten stellen dort nur 12 %.[9]

Konfessionsfrei bedeutet aber nicht automatisch, dass sich diese Menschen als Atheisten bezeichnen. Das tun aktuell etwa 15 %. Konfessionsgebunden heißt aber auch nicht automatisch, dass diese sich als überzeugte Glaubensanhänger bzw. Glaubensanhängerinnen sehen würden. Laut einer europäischen Studie des *Pew Research Center* von 2017 sind nur 11 % der deutschen Bevölkerung der Auffassung, dass Religion wichtig für ihr Leben ist. Nur 10 % beten täglich und glauben mit absoluter Gewissenheit an Gott. 24 % haben gesagt, sie würden einmal im Monat an einem Gottesdienst teilnehmen. Eine Umfrage des INSA-Instituts ergab darüber hinaus, dass 70 % der Bevölkerung nie die Bibel lesen würden und nur 4 % täglich.

Das Institut für Demoskopie Allensbach hat 2017 in einer Umfrage festgestellt, dass 67 % der Bevölkerung selten oder nie in die Kirche gehen würden. Während 1986 noch 56 % daran glaubten, „dass Jesus der Sohn Gottes ist", taten dies 2017 nur noch 41 %. Interessant ist, dass der Bevölkerungsanteil, der an eine „überirdische Macht" glaubt, nicht merklich gesunken ist (48 %). Dass „Gott die Welt erschaffen hat" glauben nur noch 33 % (statt 47 % - 1986).

Geschichte und Privilegien

Die katholische Kirche kann man heute als ein männerdominiertes globalisiertes Wirtschaftsunternehmen beschreiben. Im Unterschied zu den normalen Unternehmen ist dieses allerdings schon 1700 Jahre alt und hat seine inneren Strukturen und seine Produkte fast nicht verändert. Falls man das Produkt als „Seelenheil" bezeichnet, ist es eine zeitlose Dienstleistung, die im Prinzip jeder Mensch gerne in Anspruch nehmen würde. Ein Geschäft ohne Rücksicht auf die jeweilige Zeit und die kulturellen Trends. Die Kirche bedient die ursprünglichen Bedürfnisse der Menschen nach Spiritualität und gibt einfache Antworten auf die Sinnfragen des Lebens. Wie Placebos, bei denen der Inhalt verschwiegen wird, wirkt der Glaube als Verstärkung der Resilienz besonders in Krisenzeiten. Der Glaube an eine Allmacht Gottes und an die Liebe, die von Jesus Christus ausgeht, hat eine heilsame Wirkung auf die desorientierte Seele. Viele Menschen haben sich immer verstärkt unter das Dach der Kirche geflüchtet, wenn die Krisen in der Welt zugenommen haben. In gewisser Weise war die Kirche der ewige Fels in der Brandung.

Wie hat die katholische Kirche bloß diese Rolle in der Geschichte der Menschheit einnehmen können? Um das zu verstehen, ist hier ein kurzer Blick ins 4. Jahrhundert erforderlich.

Die Christenverfolgungen im Römischen Reich wurden im Jahr 311 n. Chr. von Kaiser Galerius im Namen aller vier damals regierenden Kaiser offiziell beendet. Die Christen durften dann ihre Religion ausüben und waren vom „Kaiseropfer" und den Opfern an die römischen Staatsgötter befreit.

313 wurde diese Situation noch durch die sogenannte „Mailänder Vereinbarung" der Kaiser Konstantin und Licinius noch verbessert und finanzielle Entschädigungen aufgrund der Christenverfolgungen möglich gemacht. Über die wahren Motive der römischen Kaiser gibt es bei den Geschichtswissenschaften unterschiedliche Annahmen. Wahrscheinlich ist, dass Krankheiten den Sinneswandel zumindest beschleunigt haben könnten. Der Kaiser Galerius soll an Krebs erkrankt gewesen sein und der Kaiser Konstantin der Große soll Lepra im Anfangsstadium gehabt haben. Angeblich hat sich Konstantin I. an den damaligen Bischof von Rom und späteren Papst Silvester gewandt, um Heilung gebeten und ihm großzügig Ländereien versprochen. Nach seiner Heilung sei er zum christlichen Glauben übergetreten und getauft worden. Außerdem soll der Kaiser im Jahr 317 entschieden haben, dass Rom auch die Vorherrschaft über die christlichen Patriarchate von Konstantinopel, Antiochia, Alexandrien und Jerusalem zugewiesen bekam. Zusätzlich durften die römischen Päpste in Zukunft die kaiserlichen Insignien der Macht nutzen: das Diadem, den Purpurmantel und das Zepter.

Das Dokument („Donatio Constanini ad Silvestrem I papam") zur sogenannten Konstantinischen Schenkung half der römisch-katholischen Kirche in den nächsten Jahrhunderten maßgeblich dabei, um ihre religiöse Vormachtstellung auszubauen und ihre Territorialansprüche in Italien durchzusetzen. Im 8. Jahrhundert wurde der Anspruch der Kirche aus dieser Schenkung erstmalig in Zweifel gezogen. Der damalige Papst legte dann das Dokument auch öffentlich vor. Niemand stellte die dadurch verliehenen und dokumentierten Rechte in Frage. Am Anfang des 10. Jahrhunderts kamen erneut Zweifel auf. Kaiser Otto I. bezweifelte sogar die Echtheit des Dokuments. Doch erst 1433 wurde durch den deutschen Theologen Nikolaus von Kues der Nachweis erbracht, dass die „Schenkungsurkunde" tatsächlich eine Fälschung war.[10]

Erstaunlich ist, dass niemand vorher bemerkte, dass dort von der Stadt Konstantinopel die Rede ist, die zu Lebzeiten von Konstantin I. noch Byzantion hieß! Das war damals die Hauptstadt des oströmischen Reiches und heißt heute Istanbul. Die Umbenennung erfolgte erst im Jahr 330 n. Chr.

Die Geschichte der römisch-katholischen Kirche ist eine Geschichte von Intrigen, Fälschungen, Gewalt, Kriegen und leeren Versprechungen. Damit kann ich mich hier nicht näher beschäftigen. Ich möchte an dieser Stelle nur auf die vielen Kreuzzüge, die Rolle bei der Kolonisierung Afrikas und Südamerikas, die Inquisition und den dreißigjährigen Krieg hinweisen. Dabei hat die Kirche immer auch mit den jeweiligen weltlichen Mächten zusammengearbeitet und Politik nach ihren Interessen mitgestaltet. Das ist auch noch heute so.

Das katholische Weltreich wird zentral aus einem Zwergstaat in Italien regiert. Der Staat Vatikanstadt ist mit einer Fläche von nur 0,44 Quadratkilometern und einer Einwohnerzahl von rund 900 der weltweit kleinste Staat. Amtssprache ist Latein. Der Staat wird politisch als eine „absolute Wahlmonarchie" eingestuft, die vom Papst geführt wird. Die eigentliche Macht des Papstes gründet sich allerdings aus dem völkerrechtlich eigenständigen Konstrukt „Heiliger Stuhl". Der Kirchenstaat war über Jahrhunderte durch die vielen Kriege in Europa gefährdet und wurde stark dezimiert. 1929 wurde die Existenz durch die sogenannten Lateranverträge zwischen dem Königreich Italien unter dem Diktator Benito Mussolini und dem Heiligen Stuhl im heutigen Vatikan-Gebiet anerkannt.[11] Formal gibt es in dieser letzten absoluten Monarchie Europas zwar so etwas wie Gewaltenteilung (die Päpstliche Kommission, das Governatorat und einem Gericht). Diese haben allerdings keinen unabhängigen Einfluss gegenüber dem Staatsoberhaupt dem Papst. Neben Weißrussland ist der Vatikan der einzige europäische Staat, der die OECD-Standards zur Bekämpfung von Steuerhinterziehung und Geldwäsche nicht anwendet. Deshalb hat die italienische Mafia lange Zeit die Vatikanbank für ihre Transaktionen genutzt.

Ökonomisch kann der Vatikan seine Ausgaben sehr gut durch die Vermietung von ungefähr 2400 Grundsteuer befreiten Immobilien finanzieren. Das Vermögen wird auf zwei Billionen Euro geschätzt. Die Spenden („Peterspfennig") sind stark rückläufig und betragen nur noch jährlich 50 Mio. Euro.[12]

Der Heilige Stuhl hat in den 20er Jahren - insbesondere über die Politiker der katholischen Zentrumspartei - seine rechtliche Stellung auch in Deutschland verbessern wollen. In der Weimarer Republik sind alle Bemühungen zum rechtlichen Rahmen von Konfessionsschulen, dem Religionsunterricht und von staatlichen Leistungen gescheitert. Adolf Hitler hat den christlichen Kirchen in seiner Regierungserklärung vom 23. März 1933 überraschend das Angebot zum Abschluss eines Konkordats gemacht und das Christentum als „unerschütterliches Fundament des sittlichen und moralischen Lebens unseres Volkes" bezeichnet. Danach haben die deutschen Bischöfe in einer Kundgebung am 28. März 1933 ihre Warnungen vor der NSDAP stark zurückgenommen. Papst Pius XI. soll Hitler sogar im März 1933 als „Vorkämpfer gegen den Bolschewismus" gelobt haben.

Unter Historikern ungeklärt ist noch die Darstellung des ehemaligen Reichskanzlers Heinrich Brüning (Zentrumspartei) in seinen Memorien, wonach die Zugeständnisse Hitlers an die Kirchen eine Voraussetzung durch seine Mitwahl durch die Zentrumspartei gewesen sein soll. Tatsache bleibt, dass die katholischen Zentrums-Politiker die Zwei-Drittel-Mehrheit für das Ermächtigungsgesetz Hitlers ermöglichten, nachdem die KPD-Abgeordneten durch Verhaftung ausgeschaltet worden waren (angeblich, weil sie am 28. Februar 1933 den Reichstag angezündet hatten). Die Zentrumspartei strebte danach eine geschlossene Übernahme in die NSDAP an, was diese ablehnte. Da das Zentrum die Unterstützung aus dem Vatikan verlor, hat sie sich am 5. Juli 1933 selbst aufgelöst.

Der Heilige Stuhl hatte offensichtlich geglaubt, dass die katholische Kirche mit dem am 20. Juli 1933 geschlossenem Staatskirchenvertrag („Reichskonkordat") besser in ihren Interessen abgesichert werden konnte. Dieser Vertrag mit 34 Artikeln und einem Zusatzprotokoll gilt auch heute noch.

Die wesentlichen Regelungen sind:

- Fortbestand der Konkordate aus Bayern, Preußen und Baden.
- Die Freiheit zur öffentlichen Ausübung der katholischen Religion.
- Schutz des Beichtgeheimnisses.
- Geistliche genießen den gleichen Schutz wie Staatsbeamte.
- Eine Zwangsvollstreckung in das Amtseinkommen der Geistlichen wird ausgeschlossen.
- Kirchengemeinden sind Körperschaften des Öffentlichen Rechts.
- Bischöfe müssen nicht nur Gott und den Evangelien sondern auch dem Deutschen Reich Treue schwören.
- Katholischer Religionsunterricht ist ein ordentliches Lehrfach.
- Das Recht zur Erhebung einer Kirchensteuer.
- Geistliche und Ordensleute dürfen nicht mehr Mitglied einer politischen Partei sein.
- Staatsleistungen können nur im Einvernehmen abgeschafft werden.

Damit hatten die Nationalsozialisten eine scheinbare Trennung von Kirche und Staat erreicht und die Zentrumspartei ausgeschaltet. In den Folgejahren wurde der Vertrag von den Faschisten umgedeutet und nur in ihrem Sinne angewandt. Papst Pius XI. machte die Kritik an diesem Verhalten 1937 öffentlich. Der Protest blieb wirkungslos.

Das Bundesverfassungsgericht hat am 26. März 1957 entschieden, dass das Reichskonkordat 1933 rechtsgültig zustande gekommen sei und die Bundesrepublik Deutschland als Rechtsnachfolger des

Deutschen Reichs binden würde. Durch Artikel 140 des Grundgesetzes wurden verschiedene Artikel aus der Weimarer Republik (11. August 1919) übernommen. Dort war auch geregelt, dass die auf Rechtstiteln beruhenden Staatsleistungen durch die Landesgesetzgebungen abgelöst werden.

Die finanziellen Zuwendungen der Länder haben ihren Ursprung zum größten Teil im 19. Jahrhundert, als die Kirchen große Teile ihres Besitzes an den Staat als Folge der Säkularisierung abtreten mussten. Seit hundert Jahren hatte die Politik das Ziel, mit den Kirchen eine Vereinbarung zur endgültigen Ablösung dieser Entschädigungszahlungen zu schließen. Bis heute gibt es dazu keine Aktivitäten. Das Bundesinnenministerium hat auf Anfragen immer betont, es gäbe aktuell keinen Handlungsbedarf, um ein „Grundsätzegesetz" zur Verpflichtung der Länder zur Ablösung der Staatsleistungen im Bundestag zu verabschieden. Die Kirchen haben signalisiert, dass sie zu so einem Schritt bereit wären.

Unklar ist bis heute, was eine endgültige Trennung von Staat und Kirchen am Schluss kosten würde. Diskutiert wurden bereits das 10- bis 20-Fache der jährlichen Zahlungen, also 5 bis 10 Mrd. Euro. Schließlich ist nur eine einvernehmliche Regelung aufgrund des Reichskonkordats möglich, das immer noch völkerrechtlich verbindlich ist. Bisher haben sich nur die Oppositionsparteien des Bundestages im Sinne eines gesetzlichen Handlungsbedarfs geäußert. Es könnte also sein, dass das Thema „Trennung von Staat und Kirche" in einer neuen Bundesregierung zum Thema gemacht wird. Es kann aber auch sein, dass dieses unangenehme Thema noch mal geschoben wird.

Besonders nach den Missbrauchs-Skandalen treten viele Menschen aus den Kirchen aus. Aber auch der demografische Wandel hat seinen Beitrag geleistet. Hinzu kommt, dass die Kirchen in Ostdeutschland nur wenige Mitglieder haben und insbesondere dort die Konfessionsfreien nicht verstehen, warum immer noch Staatszuschüssen an die Kirchen gezahlt werden.

Die Staatsleistungen an die christlichen Kirchen haben trotz der vielen Austritte stark zugenommen. 2018 wurden 538 Mio. Euro überwiesen. Insgesamt sind fast 18 Mrd. € an die Kirchen geflossen. Der „Freedom of Thought Report" (Gedankenfreiheitsbericht) der Internationalen Humanistischen und Ethischen Union (IHEU) hat dies zum Thema gemacht. Der Report bewertet, wie stark Atheisten und Säkulare in verschiedenen Ländern diskriminiert werden. Deutschland belegte im aktuellen Bericht Platz 145 - hinter Haiti, Sambia und den Philippinen. Als Grund für das schlechte Abschneiden wurde genannt: Der sogenannte Blasphemie-Paragraf (§ 166 StGB), die systematische Privilegierung von religiösen Glaubensgemeinschaften, die staatlich eingezogene Kirchensteuer, der Religionsunterricht an staatlichen Schulen und die staatlichen Zuschüsse für konfessionelle Schulen.

Die negative Mitgliederentwicklung der christlichen Kirchen in Deutschland wird nach einer Prognose des „Forschungszentrums Generationenverträge" der Freiburger Universität mindestens bis 2060 anhalten. Danach würden die Kirchen etwa die Hälfte ihrer heutigen Mitglieder (2017) verlieren.[13]

Die Kirchen stecken in einer Glaubwürdigkeitskrise. Laut einer Forsa-Umfrage vertrauen nur noch 38 Prozent der Deutschen der evangelischen Kirche und nur noch 18 Prozent der katholischen Kirche.[14]

In den Kirchen wird verstärkt nach Lösungen gesucht, um das Interesse wieder zu beleben. Eine echte Selbstreflexion über die Bedeutung der ausgewählten Bibeltexte bzw. der Berücksichtigung neuerer Jesus-Forschung (Qumran-Rollen) findet nicht statt. Zweifel am Wahrheitsgehalt der Bibel werden ignoriert. Stattdessen werden verstärkt Vorschläge zur Veränderung der Missionsarbeit durch zeitgemäße Sprache und Präsenz in den Sozialen Netzwerken gemacht. Es gibt aber auch Kirchenangehörige, die keine verstärkte „Eventkultur" und Politisierung sondern „einfach mehr Jesus wagen" als Lösung sehen. Man darf aber auch nicht ausschließen, dass sich Menschen aufgrund der zunehmenden Angst vor Pandemien, den möglicherweise fehlenden Perspektiven am Arbeitsmarkt, in ein seelisches Ungleichgewicht manövrieren und sich dann wieder in den Kirchen engagieren. Es kann aber auch sein, dass die Kirchen die Glaubwürdigkeitskrise, die besonders durch die bekannt gewordenen Missbrauchsfälle verstärkt wurde, nicht zu einem strukturellen Reformansatz nutzen und weiter an Einfluss verlieren.

Struktureller Missbrauch

Etwa ab 2017 wurde weltweit der Missbrauch von Minderjährigen in den christlichen Kirchen öffentlich diskutiert. Die Uni Ulm, Fachbereich Kinder- und Jugendpsychologie, hat etwa 2500 vom Missbrauch betroffene Personen befragt. Im Ergebnis sollen etwa 114.000 Jugendliche und Kinder in der Obhut der katholischen Kirche ab 1946 missbraucht worden sein. Von einer ähnlich hohen

Zahl geht die Uni auch in der evangelischen Kirche aus. [15]

Konkrete Recherchen in der kirchlichen Organisation brachten folgendes Ergebnis: Danach wurden 3.677 Minderjährige von insgesamt 1.670 katholischen Geistlichen seit 1946 missbraucht. Ein Missbrauchsopfer berichtete in der Sendung „Maischberger", wie sie als 11-jähriges Mädchen von einem Pfarrer fünf Jahre missbraucht worden sei: „Er nannte sein Glied Spatz, in Anlehnung an seinen Spitznamen bei den Regensburger Domspatzen". Als sie ihn dann später anzeigte, war der Strafbestand verjährt. [16]

Tausende Missbrauchsfälle gegen Kinder, Jugendliche und Nonnen in der katholischen Kirche sind ab 2017 durch Studien in Australien, den USA und auch in Deutschland bekannt geworden. Bisher hat es wenig Konsequenzen gegeben. Kirchenstrafen wurden beispielsweise gegen die chilenischen Bischöfe Cox Huneeus und Órdenes Fernández verhängt. Der Kardinal McCattick wurde in den USA zur Strafe in den „Laienstand" versetzt. In Indien wurde Bischof Mulakkal, dem vorgeworfen wird, eine Nonne 13-mal vergewaltigt zu haben, „unter Arrest" gesetzt. „Die Kirche hat ihre Täter so lange vor dem Rechtsstaat geschützt, bis man diese juristisch nicht mehr belangen konnte".[17]

Die 27 katholischen Bistümer hatten sich im Zusammenhang mit den Missbrauchsfällen zwar zur Zusammenarbeit verpflichtet – dennoch ließen sie zu keinem Zeitpunkt eine unabhängige Aufklärungsarbeit zu. Das sah auf den Ebenen der verschiedenen Päpste auch nicht anders aus.

Der heutige Papst Franziskus leitete 2005 bis 2011 die argentinische

Bischofskonferenz und soll zu den bekannt gewordenen Missbrauchsfällen geschwiegen haben. Papst Franziskus hat im Dezember 2013 eine „Kinderschutzkommission" angekündigt und erst im Februar 2019 einen „Anti-Missbrauchs-Gipfel" veranstaltet.

Der ehemalige Papst Benedikt hat in seiner Zeit als Erzbischof von München und Freising einen 1986 verurteilten Gemeindepfarrer und Wiederholungstäter erst 2010 suspendiert. Ein Mitarbeiter von Bischof Ratzinger übernahm damals die Verantwortung. Die New York Times hat Papst Benedikt 2010 vorgeworfen, er hätte von den 200 Missbrauchsfällen des Priesters Lawrence Murphy gewusst und nichts dagegen unternommen. Benedikt: „Der Teufel hat der Kirche Schmutz ins Gesicht geworfen". [18]

Mit Hinweis auf „das päpstliche Geheimnis" wird weiterhin staatlichen Behörden der Einblick in kirchliche Akten verwehrt. Zeitgleich mit der durch Papst Franziskus einberufenen Konferenz hatte der ehemalige Papst Benedikt (Joseph Ratzinger) ein Traktat veröffentlicht, in dem er die 68er Generation „mit ihrem lockerem Verhältnis zur Sexualität" für den Missbrauch in der Kirche mitverantwortlich gemacht hat - und nicht etwa die überkommenen Strukturen und Regeln in der Kirche. Die ultrakonservativen Anhänger Benedikts haben sich nun einen Verbündeten aus den USA geholt: Steve Bannon, der ehemalige Berater von Donald Trump, der in einem Kloster bei Rom eine neue katholische Kaderschmiede („Dignitatis Humanae") gegen die Moderne aufbauen will. [19]

Eine echte Aufklärung wurde von der katholischen Kirche nie ernsthaft in Erwägung gezogen. In einem Interview der „Zeit" schilderte der ehemalige Leiter des „Kriminologischen Forschungsinstituts

Niedersachsen (KFN)" Christian Pfeiffer, wie er von zwei Bischöfen und einem Staatssekretär korrumpiert werden sollte, um einen Forschungsbericht zu den Missbrauchsfällen in der katholischen Kirche weichzuspülen. Das Institut hatte 2011 einen Vertrag mit dem „Verband der Diözesen Deutschlands (VDD)" über einen unabhängigen Bericht zu den Missbrauchsfällen ab 1945 geschlossen. Im Mai 2012 forderte die Erzdiözese München und Freising eine Vertragsergänzung. Der Bericht sollte nur dann veröffentlicht werden können, wenn sich das Institut mit der VDD über die Art und den Umfang geeinigt hätten. Die Kirche wollte auch bei der Auswahl des Institutspersonals mitreden.

Das Institut war abhängig von Fördergeldern des niedersächsischen Wissenschaftsministeriums. Christian Peiffer wurde am 20.12.2012 vom zuständigen CDU-Staatssekretär Josef Lange, der sich als „Freund der katholischen Kirche" vorstellte, in sein Dienstzimmer bestellt. Anwesend waren außerdem der neue Missbrauchsbeauftragte Bischof Stephan Ackermann, der Sekretär der Deutschen Bischofskonferenz und Geschäftsführer des VDD Hans Langenhöfer und der stellvertretende KFN-Institutsleiter Thomas Mößle. Das Ziel der Kirche und des Staatssekretärs war ein Auflösungsvertrag. Vergoldet werden sollte der Deal mit der Zusage, dass das KFN die nicht ausgegebenen Forschungsmittel in Höhe von 120.000 € für andere Zwecke ausgeben dürfe.

Christian Pfeiffer sagte zu dem Bischof: „Wir lassen uns nicht kaufen!". Der Bischof soll geantwortet haben, dass Herr Pfeiffer dann ein „Feind der katholischen Kirche" sein würde und das würde er „niemandem wünschen". Nachdem die KFN den Deal abgelehnt hatte, sprach der Bischof öffentlich von Vertragskündigung und einem zerrütteten Vertrauensverhältnis. Außerdem wollte die Kirche durch eine einstweilige Verfügung und der Androhung eines Ordnungsgeldes bis zu 250.000 € eine Wiederholung des Zensurvorwurfs verhindern. Vor Gericht ist die Kirche dann zweimal gescheitert. Der Zensurvorwurf war also gerechtfertigt. Pfeiffer: „Das Vernichten von Akten hat jegliche Chance zerstört, eine vernünftige Täter- und Opferforschung anzustellen". [20]

Die spirituelle Seite der Menschen

Von den Ende 2019 auf der Erde lebenden 7,8 Mrd. Menschen sollen 5,8 Mrd. Menschen einer der Weltreligionen angehören: 2,3 Mrd. Christen, 1,6 Mrd. Muslime, 1 Mrd. Hinduisten und 0,9 Mrd. Buddhisten und Taoisten. Wie lässt sich das im „Zeitalter der Aufklärung" erklären?

Meine These: Religionen sind nicht allein mit vorwissenschaftlichen Erklärungen für Naturkräfte und vorgesetzlichen Regeln für das Zusammenleben zu erklären. Dahinter stehen oft auch spirituelle Erfahrungen über die tatsächliche Beschaffung unserer Welt, wie sie heute von der Quanten- und Astrophysik beschrieben werden. Beispielsweise zeigt der paradoxe Wellen- und Teilchencharakter des Lichts und das Phänomen der „Verschränkung", dass es mindestens noch eine für uns nicht bewusst wahrnehmbare Dimension oberhalb der Raumzeit gibt.

Spirituelle Prozesse der Erleuchtung bzw. der Gotteserfahrung lassen sich möglicherweise damit erklären, dass ein Teil des menschlichen Bewusstseins in diese Dimension bzw. Dimensionen vordringen und ein Gefühl für die dort herrschende Zeitlosigkeit und Unendlichkeit bekommen kann. Am deutlichsten wird dies bei der Beschreibung des Nirwanas durch den Buddhismus. Auch Nahtoderfahrungen und Erfahrungen bei der Einnahme psychogener Substanzen wie Psylocibin-Pilze, Peyotl-Kakteen oder LSD können neben Meditationstechniken zu echten spirituellen Erfahrungen führen.

Es ist deshalb falsch, wenn man die Existenz von spirituellen Gemeinschaften ausschließlich auf Geschichten und Regelwerke reduziert, wie dies z.B. Yuval Noah Harari in seinen Büchern macht. Damit wäre nicht zu erklären, dass nach der Aufklärung noch etwa 85 % der Menschheit mehr oder weniger fest mit diesen Einrichtungen verbunden sind.

Der Homo sapiens ist ein intelligentes Tier, das nicht nur zum rationalen Denken fähig ist, sondern auch Fähigkeiten besitzt, die Welt ganzheitlich zu erfahren und hinter die Raumzeit zu schauen. Unsere Gefühle, die Intuition, die Möglichkeit der Gedankenkontrolle und unsere Träume sind nicht ausschließlich mit Instinkten und Erfahrungen zu erklären.

Die Naturwissenschaften haben sich noch nicht der Aufgabe gestellt, ihre materialistische Weltsicht zu hinterfragen, obwohl die Physik heute belegt, dass hinter oder in der Materie nicht nur Energie, sondern auch Information wirkt.

Für die Erforschung der Welt des Geistes stellt der Staat und die Wirtschaft nur wenig Finanzmittel bereit, weil daraus kein betriebs-

oder volkswirtschaftlicher Gewinn erwartet wird. Die parapsychologische Forschung wurde deshalb in Europa praktisch eingestellt. Das hängt sicher damit zusammen, dass diese Prozesse aufgrund ihres nicht-linearen Wesens als unberechenbar gelten. Nur der scheinbar berechenbare Teil menschlichen Verhaltens wurde Grundlage für verschiedene Algorithmen und die Programmierung künstlicher Intelligenz. Damit wird der Mensch aber auf das logische und rationale Denken reduziert und seine übrigen geistigen Fähigkeiten und Anlagen ignoriert.

Wir fragen immer sofort, was eine Innovation für die Evolution unserer Ökonomie bedeutet. Wir fragen aber nicht, was das für die Evolution des menschlichen Geistes bedeuten kann.

Die größten intellektuellen Herausforderungen für uns Menschen lagen im letzten Jahrhundert in der Einstein'schen Relativitätstheorie und den neuen geheimnisvollen Erkenntnissen der Quantenphysik. Nun träumen unsere Militärs, Geheimdienste und die Wirtschaft von unknackbaren Verschlüsselungs- und Kommunikationssystemen mit Hilfe von Quantencomputern. Auch die Wissenschaft hofft auf die Möglichkeit zur Berechnung von nicht-linearen Phänomenen wie beispielsweise Strömungen und Wolkenbildung. Dabei bleibt der geistige Nutzen für die menschliche Entwicklung im Straßengraben der Fortschrittsautobahn liegen wie ein kaputter Reifen.

Die Quantenphysik hat mit dem Paradox von Welle und Teilchen und der Entdeckung der „Verschränkung" das Tor zu neuen Dimensionen entdeckt. Plötzlich wissen wir, dass oberhalb der Raum-Zeit-Dimensionen eine Welt existiert, in der Informationsprozesse in Echtzeit ablaufen und damit außerhalb der Zeit. Wir schließen einen neuen unendlichen und zeitlosen Raum auf und denken nur an neue Maschinen. Wir erkennen nicht, was dies für unser Verständnis unseres eigenen Lebens bedeuten muss und das die alte Frage nach dem Sinn des Ganzen neu beantwortet werden kann.

Wenn verschränkte Photonen und Elektronen in Nullzeit und über große Entfernungen Informationen austauschen, dann stellt sich die Frage, ob dies auch für die Träger geistiger Prozesse gelten könnte. Seit Jahrtausenden berichten Menschen von „Gottes- bzw. Jenseitserfahrungen" durch Meditationstechniken und beschreiben - wie der Buddhismus - eine Welt der Zeitlosigkeit und Unendlichkeit („Nirwana"). Wir kennen viele parapsychologische Phänomene, aber erforschen sie nicht mehr weiter. Die „Nahtodforschung" hat Erfahrungen von wiederbelebten Gestorbenen dokumentiert, die oft als Halluzinationen interpretiert werden. Viele Menschen vertrauen ihrer Intuition und Kreativität und merken, dass wir nicht nur eindimensionales logisches Denken beherrschen, sondern auch zu ganzheitlichen plötzlichen Eingebungen fähig sind, die uns häufig besser lenken als unser Verstand.

Wir besitzen unzweifelhaft ein rationales Denkorgan, dass effizient Ursache-Wirkungsketten analysieren kann und zu beeindruckenden Berechnungen über die Welt fähig ist. Wir sind aber auch emotionale Wesen, die oft unberechenbare Entscheidungen treffen. Möglicherweise ist unsere ständige Suche nach Bedeutung und Sinn ein Wesenskern des Homo sapiens und sein Hang zur Spiritualität ein Zeichen dafür, dass wir einen natürlichen geistigen Zugang zur Welt oberhalb der Raum-Zeit besitzen?

Ich glaube, dass die Erkenntnisse der heutigen Naturwissenschaften auch zur Beantwortung dieser existenziellen Fragen dienen können und das spirituelle Wesen des Menschen und den „Sinn des Ganzen" neu erklären.

Die Geschichte der Menschheit zeigt, dass sich der Homo sapiens seit seinem Auftauchen vor ungefähr 60.000 Jahren mit spirituellen Fragen beschäftigt hat. Fragen nach dem Ursprung der Welt und den Lebewesen und Fragen nach dem Wesen des Lebens und Sterbens. Zu unterschiedlichen Zeiten und in unterschiedlichen Kulturen wurden verschiedene Antworten entwickelt und große Gemeinschaften von Gleichgesinnten gebildet. Kleine Glaubensgemeinschaften wurden dann zu großen weltweit operierenden Religionsgemeinschaften mit teilweise zentralen Strukturen wie den christlichen Kirchen. Die dahinter stehenden Verwaltungs-, Dienstleistungs- und Machtstrukturen haben sich offensichtlich verselbstständigt und ihren ursprünglichen Zweck vernachlässigt. Organisationen haben leider ab einer bestimmten Größe das Problem, dass sie sich selbst zum Zweck erklären und immer weiter von der eigentlichen Welt abkapseln. Die Binnensicht wird dann zur vorherrschenden Wahrnehmungsform. Die Erwartungen von außen werden dann oft als Bedrohung für die eigene Stabilität gewertet. Ein unflexibles konservatives Verhalten ist die Folge.

Kirchliche Organisationen, die nicht in der Lage sind, eigene Verfehlungen einzugestehen und zu dokumentieren, verlieren dann das Letzte an Glaubwürdigkeit. Damit wird ein historischer Prozess des Machtmissbrauchs und der Verfälschungen von Überlieferungen fortgeschrieben. Was soll man von Kirchen halten, die selbst die Suche nach Sinn und Wahrheit blockieren, um ihre inneren Strukturen zu schützen? Das was in der Gegenwart offensichtlich geworden ist, galt aber auch schon in den Jahrhunderten davor. Uns wurden keine authentischen spirituellen Texte überliefert. Das was wir heute lesen können, wurde oft gezielt manipuliert und den jeweiligen Machtströmungen angepasst.

Im Folgenden gehe ich deshalb der Frage nach, wie die vielen verschiedenen religiösen Überlieferungen entstanden und verändert worden sind und was wir heute daraus lernen könnten. Dabei sollten wir versuchen, den historischen und kulturellen Kontext von den spirituellen Botschaften zu trennen. Es macht auch Sinn, unser heutiges gesichertes Wissen über die Entstehung der Welt und die Entwicklung des Menschen daneben zu stellen. Leider gibt es immer noch viele Menschen, die den alten Schriften mehr Vertrauen schenken als den wissenschaftlichen Erkenntnissen der Neuzeit.

Während die Geschichte der Wissenschaften eine Geschichte von Irrtümern und neuen Erkenntnissen ist, das wissenschaftliche Weltbild immer wieder umgeschrieben werden musste und wird, bleiben die religiösen Texte in einem Zustand, der Jahrhunderte überdauert hat und überdauern sollte. Die Gläubigen gehen deshalb davon aus, dass darin zeitlose Wahrheiten verkündet werden. Aufgrund archäologischer Funde und naturwissenschaftlicher Erkenntnisse kann und sollte dieser Anspruch überprüft werden.

Mythen zur Erschaffung der Welt

Dank der Werkzeuge der Astrophysik wissen wir heute viel über die Größe und das Alter des Universums. Die religiösen Schriften der Menschheit beschreiben hingegen noch nicht einmal unser Sonnensystem als Ganzes. Wie kann man dann behaupten, dass dahinter ein allwissender Gott gestanden haben soll? Warum gab es keine Hinweise auf die Größe und das Alter des Universums in den Erleuchtungsprozessen von Moses, Abraham und beispielsweise Mohammed? Eigentlich wäre diese Information geeignet gewesen, um die Menschen demütiger zu machen. Stattdessen bekamen sie den falschen Eindruck, sie wären der Nabel der Welt.

Die Bibel

Die Schöpfungsgeschichte aus dem 1. Buch Mose beschreibt nicht die Entwicklung des ganzen Universums, sondern nur die Schaffung von Himmel und Erde, Wasser, Licht, Pflanzen, Tiere und den Menschen. Und das in 6 Tagen! Am ersten Tag wurden danach auch das Licht und damit Tag und Nacht geschaffen. Seltsam ist, dass auch noch am 4. Tag an der „Feste des Himmels" zwei große Lichter (Sonne und Mond) geschaffen wurden, um Tag und Nacht zu „scheiden". Was ist also aus dem Licht des ersten Tages geworden?

Der Gott der Bibel erzählt fast nichts von anderen Planeten, anderen Sonnensystemen und Galaxien. Die Anzahl der Sterne dient häufig dazu, den Israeliten zu zeigen, wie zahlreich sie einmal die Erde bevölkern würden. Konkret benannt wird die Schaffung des Orion und der Plejaden (Hiob 9):

„Er bewegt die Erde aus ihrem Ort, dass ihre Pfeiler zittern. Er spricht zur Sonne, so geht sie nicht auf, und versiegelt die Sterne. Er breitet den Himmel aus allein und geht auf den Wogen des Meeres. Er macht den Wagen am Himmel und Orion und die Plejaden und die Sterne gegen Mittag. Er tut große Dinge, die nicht zu erforschen sind, und Wunder, deren keine Zahl ist.“

Das Universum wird nicht beschrieben, sondern nur als Hintergrund der Geschichte der Menschen auf der Erde als „Gestirn" erwähnt (Psalmen 74):

„Tag und Nacht ist dein; du machst, dass Sonne und Gestirn ihren gewissen Lauf haben.“

Von der Schöpfung der Welt ist nur an einer Stelle der Luther-Bibel die Rede, nämlich in „Römer 1". Möglicherweise wäre der Mensch überfordert gewesen, etwas über die Größe des Universums zu erfahren? Auf jeden Fall hätte ihn das vielleicht demütiger gemacht.

Der Koran

Auch im Koran ist die Schöpfung der Welt nur ein Nebenthema und dient als „Schmuck" des Himmels:

„Wahrlich, die Schöpfung der Himmel und der Erde ist größer als die Schöpfung der Menschen, jedoch wissen es die meisten nicht.“ (Sure 40.59)

„Siehe, wir schmückten den niederen Himmel mit dem Schmuck der Sterne" (Sure 37.6).

„Er ist's, der für euch alles auf Erden erschuf; alsdann stieg er zum Himmel empor und bildete sie zu sieben Himmeln. (Sure 2.27)"

„Allah, welcher die Himmel und die Erde in sechs Tagen erschuf; alsdann setzte er sich auf den Thron." (Sure 7.52)

„Allah ist's, der sieben Himmel und eben so viel Erden erschaffen hat." (Sure 65.12)

„Seht ihr denn nicht, wie Allah sieben Himmel übereinander erschaffen hat? Und er hat den Mond in sie als Licht gesetzt und die Sonne zu einer Lampe gemacht." (Sure 70.14)

Die Schöpfungsgeschichte des Koran ähnelt den Darstellungen im Alten Testament der Bibel. Etwas Besonderes ist die Erschaffung der sieben Himmel und der sieben Erden. Dabei ist mir nicht klar, was damit gemeint sein könnte.

Die Bhagavadgita

Im Unterschied zu den Schriften der Christen und Muslime finden sich in den Heiligen Schriften der Hindus konkretere Hinweise auf die Beschaffenheit der Welt. Der Ursprung des Hinduismus und auch des Buddhismus geht wahrscheinlich auf die so genannte vedische Periode in Indien um 1300 v. Chr. zurück. Die philosophischen Texte der Veden (Upanischaden), die sich mit dem Ursprung der Menschen und der Welt beschäftigen, wurden nach bisheriger Kenntnis um 750 v. Chr. niedergeschrieben.

Die Bhagavadgita ist ein Teil der sehr umfangreichen Mahabharata und enthält die sittlichen und spirituellen Prinzipien, die Krishna als Inkarnation Gottes seinem menschlichen Freund Arjuna im Jahr

3141 v. Chr. gelehrt haben soll:

„Dinge des materiellen Universums kommen und gehen, erscheinen und verschwinden, aber der Atman verändert sich nie.“ [21]

„Vom einzelnen wirbelnden Atom bis hinauf zum gesamten Universum ist alles Bewegung“.

„Das Sichvermischen der Natur (oder Materie) und des Geistes (oder Bewusstseins), ist der Schoß aller Wesen. Das Leben selbst hat seinen Ursprung in dieser Vereinigung von Natur und Geist. Das ganze Universum entfaltet sich aus diesen beiden Aspekten von mir und wird sich schließlich in mich hinein auflösen.“

In der Bhagavadgita wird von einem pulsierenden Universum gesprochen und die Zeitdauer eines göttlichen Tages mit bis zu 400 Mio. Jahren angegeben:

„Aber jeder einzelne kosmische Tag-und-Nacht-Zyklus Brahmas dauert Tausende Yugas, und jedes Yuga dauert 10 000 bis 400 000 Jahre; die Zeitspanne ist für Menschen fast unfassbar. In aufeinander folgenden Tag-und-Nacht-Zyklen Brahmas gelangt die gleiche Vielzahl von Wesen hilflos immer wieder zu Geburt und Tod, während das physikalische Universum sich in kontinuierlicher Abfolge ausdehnt und zusammenzieht.“ [22]

Im Teil 1 der „Mundaka-Upanischad“ können wir folgendes zur Erschaffung des Universums lesen:

„Das todlose Selbst meditierte über sich selber und projizierte das Universum als evolutionäre Energie. Aus dieser Energie entwickelten sich das Leben, der Geist, die Elemente und die Karmawelt“.

„Bewusster Geist und bewusstlose Materie existieren beide seit dem Zeit-beginn, zusammen mit Maya, die sie zu verbinden scheint und dabei die Freude falsch, als außerhalb von uns, darstellt. Sobald diese drei allesamt als eines gesehen werden, gibt das Selbst seine universelle Form zu erkennen und dient als ein Werkzeug des göttlichen Willens. "[23]

Die Bhagavadgita gibt keine konkreten Hinweise auf die Erschaffung des Planeten Erde und des Sonnensystems, es werden allerdings prinzipielle Aussagen zur Struktur des Universums gemacht. Danach pulsiert das Universum als Ganzes und besteht aus einer Synthese von Materie und Geist. Das Universum wird als Projektion von „evolutionärer Energie" bezeichnet.

Tao-Te-King

Ein ähnliches Erkenntnismodell wie im indischen Hinduismus finden wir im chinesischen Taoismus. Der Ursprung dieser Lehre geht auf einen Mythos zurück: Den Gelben Kaiser von China im 3. Jahrtausend v. Chr.. Überliefert ist insbesondere das „Buch der Wandlungen (I-Ging)", das etwa 1000 Jahre v. Chr. entstanden sein soll.

Zu den größten Schätzen dieser Kultur zählt zweifellos das Werk des chinesischen Philosophen Laotse, der etwa 500 v. Chr. den Tao-Te-King geschrieben haben soll. Neuere Untersuchungen gehen davon aus, dass die darin enthaltenen Theorien als Gemeinschaftswerk verschiedener Philosophen entstanden sein könnte.

Im 42. Spruch des Tao-Te-King heißt es:

"Das Tao erzeugt die Eins. Die Eins erzeugt die Zwei. Die Zwei erzeugt die Drei. Die Drei erzeugt alle Dinge. Alle Dinge haben im Rücken das

Dunkel (Yin) und streben nach dem Licht (Yang)".

Die aus Tao entspringende Kraft ist also in allen Lebewesen wirksam. Um einen kleinen Einblick in die Gedankenwelt des „Alten" (Übersetzung von „Laotse") zu bekommen, habe ich hier ein paar bemerkenswerte Sätze herausgeschrieben:

„Jenseits des Nennbaren liegt der Anfang der Welt. Diesseits des Nennbaren liegt die Geburt der Geschöpfe. Darum führt das Streben nach dem Ewig-Jenseitigen zum Schauen der Kräfte. Das Streben nach dem Ewig-Diesseitigen zum Schauen der Räumlichkeit. Beides hat einen Ursprung und nur verschiedene Namen. Diese Einheit ist das große Geheimnis. Alle Dinge in der Welt entstehen im Sein. Das Sein entsteht im Nichtsein. Schwer und leicht vollenden einander. Lang und kurz gestalten einander. Hoch und Tief verkehren einander. Vorher und nachher folgen einander. Weil er nichts Eignes will, darum wird sein Eigenes vollendet". [24]

Laotse hat hier ein tiefgründiges philosophisches Werk geschaffen, über das man lange nachdenken kann. In der Einheit von Widersprüchen sieht er die Ursache für die Entwicklung der dinglichen Welt. Der diesseitige Raum entstand aus dem Nichts. Die Kräfte haben ihren Ursprung im Jenseits. Eine erstaunlich moderne Auffassung von der Mechanik der Welt.

Glaube kontra Wissenschaft

Die Schöpfungsgeschichten der Weltkulturen werden von den Naturwissenschaften nicht grundsätzlich infrage gestellt, aber auf eine extrem kurze Zeit nach dem Urknall reduziert. Das ist also der kleinste gemeinsame Nenner zwischen Wissenschaft und Religion.

Daraus könnte man einen neuen Konsens und eine neue Arbeitsteilung kreieren, also so eine Art Friedensvertrag zwischen Glauben und Wissenschaft. Der Glauben bekommt dann einen kleinen Raum zugeteilt, der nach der Entzauberung der Welt noch übriggeblieben ist. Das ist aber mehr als unbefriedigend.

Naturwissenschaftler und Wissenschaftlerinnen haben mit den überlieferten Beschreibungen zur Schaffung der Welt schon immer ihre Probleme gehabt, weil sie lieber an eine zufällige Selbstorganisation des Lebens und der Materie im Sinne von Darwin glauben. Diese Vorstellung hat auch die Astrophysik inspiriert und die Elementarteilchenphysik maßgeblich beeinflusst. Die Wissenschaften sind ja nicht auf der Suche nach Gott, sondern auf der Suche nach Wahrheit.

Diese naturwissenschaftliche „Wahrheit" hat uns aber nie richtig gefallen, weil wir intuitiv nicht daran glauben, dass alles nur ein Zufall ist. Wir wollen uns nicht damit abfinden, dass das Weltall so leer ist und unser Leben keinen richtigen Sinn hat, sondern nur eine Laune der Natur darstellt. Vielleicht haben wir aber auch nie richtig nachgefragt oder einfach nur die Sprachen der Wissenschaften missverstanden.

Ich habe schon darauf hingewiesen, dass die quantenmechanische Verschränkung, der Urknall, die Naturkonstanten, das sogenannte Vakuumfeld, der genetische Code und der Hinweis auf höhere Dimensionen ohne Zeitbezug, eine wissenschaftlich begründete Weltsicht möglich macht, die nicht grundsätzlich im Widerspruch zu vielen überlieferten spirituellen Quellen steht. Fakt ist, dass die astrophysikalische Beschreibung eines Urknalls auch als Erschaffung des

Universums interpretiert werden kann.

Zum Ursprung des Menschen

Was sagen uns die Weltreligionen zur Geburt und Rolle des Menschen? Die Antwort auf diese Frage ist deshalb so interessant, weil sich daraus möglicherweise Kontroversen zu den naturwissenschaftlichen Erkenntnissen der Neuzeit ergeben, die bis heute nicht geklärt worden sind. Das sagt auch etwas über die Reformfähigkeit religiösen Denkens aus, wenn wissenschaftlich überholte Auffassungen nicht korrigiert werden. Daran schließt sich dann die Frage an: Wie gehen moderne Menschen einer Glaubensrichtung damit um, dass wissenschaftliche Tatsachen durch ihre Kirche weiterhin ignoriert werden? Im Folgenden zeige ich anhand von Zitaten, was die alten Schriften zum Ursprung des Menschen zu sagen haben.

Das Alte Testament

Wir kennen alle die Geschichte über die ersten Menschen aus der Luther-Bibel: Adam und Eva, die entgegen der göttlichen Regel vom „Baum der Erkenntnis" gekostet haben und dann aus dem Paradies ausgestoßen wurden. Philosophisch wird dieses Bild der Menschwerdung mit der Fähigkeit des Menschen zur freien Willensentscheidung, der Erkenntnis von Gut und Böse und der Verantwortung für das eigene Handeln interpretiert.

Im 1. Buch Mose wird die Schaffung des Menschen so beschrieben:

"Lasst uns Menschen machen, ein Bild, das uns gleich sei, die da herrschen über die Fische im Meer und über die Vögel unter dem Himmel und über das Vieh und über die ganze Erde und über alles Gewürm,

das auf Erden kriecht. Und Gott schuf den Menschen ihm zum Bilde, zum Bilde Gottes schuf er ihn; und schuf sie einen Mann und ein Weib. Und Gott segnete sie und sprach zu ihnen: Seid fruchtbar und mehrt euch und füllt die Erde und macht sie euch untertan." Später heißt es noch: „Gott der HERR machte den Menschen aus einem Erdenkloß, und blies ihm ein den lebendigen Odem in seine Nase. Und also ward der Mensch eine lebendige Seele. Und Gott der HERR pflanzte einen Garten in Eden gegen Morgen und setzte den Menschen hinein."[25]

An die Erschaffung des Menschen durch ein göttliches Wesen glauben heute noch viele Menschen und trauern vielleicht dem Rauswurf aus dem Paradies nach. Da Adam und Eva trotz des göttlichen Verbots vom „Baum der Erkenntnis des Guten und Bösen" gegessen hatten, wurden sie nach dem Bibeltext aus dem Garten Eden verbannt. Dies bedeutete nach dem Alten Testament für das neue Menschengeschlecht auch:

„Im Schweiße deines Angesichts sollst du dein Brot essen, bis dass du wieder zu Erde werdest, davon du genommen bist."

Also lebenslanges Arbeiten bis zum Tod statt Versorgungsempfänger und ewiges Leben. Haben wir das wirklich verdient?

Die hebräische Torah

Die Bücher des Alten Testaments sollen inhaltlich aus der hebräischen Bibel, dem „Tanach" übernommen worden sein.[26] Der älteste Text des Tanach stammt angeblich aus dem 7. Jahrhundert vor Christus. Innerhalb von etwa 1000 Jahren wurden viele überlieferte Geschichten verschiedener Stämme zur Geschichte Israels in 24 Büchern zusammengefasst. Diese sogenannte Kanonisierung wurde wahrscheinlich während der Synode von Jamnia 95 n. Chr. abgeschlossen. [27]

Die eigentliche Lehre findet sich in den 5 Büchern Mose der „Tora". Diese sollen im 4. Jahrhundert vor Christus entstanden und schon 250 v. Chr. ins Griechische übersetzt worden sein. Schon damals wurde die Tora als Gesetzbuch und Grundlage des Jerusalemer Tempelkults genutzt. Das Judentum gilt damit zurecht als die älteste der abrahamitischen Religionen und hat die Bibel der Christen maßgeblich beeinflusst. Es macht deshalb Sinn, auch dort nachzusehen, wie die Menschwerdung dargestellt wird.

Ich habe nun die deutsche Übersetzung der Tora von Chajm Guski von 2014 studiert. Dieser hat mehrere Übersetzungen (z.B. von Prof. Zunz 1837) „behutsam aktualisiert". Dabei wurden im wesentlichen Begriffe wie „Oheim" (Onkel) oder „Solet" (Grieß) in heute verständliche Begriffe umgewandelt. Gott erscheint hier unpersönlich als „HaSchem" (= der Name).

Im 1. Kapitel geht es um die Erschaffung der Welt („Sefer Bereschit: Das Buch Genesis") in 6 Tagen. Am 6. Tag wurde danach der Mensch erschaffen:

„Und Gott sprach: Lasst uns machen einen Menschen in unserem Bilde nach unserer Ähnlichkeit; und sie sollen bewältigen die Fische des Meeres und das Federvieh des Himmels und das Vieh und die ganze Erde, und all das Gewürm, das sich regt auf Erden. Und Gott schuf den Menschen in seinem Bilde, im Bilde Gottes schuf er ihn; Mann und Frau schuf er sie." [28]

Wie in der Luther-Bibel fällt hier auf, dass es im Plural heißt: *„Lasst* *uns machen einen Menschen in unserem Bilde"*. Warum wird hier Gott im Plural erwähnt? Sollte darauf hingewiesen werden, dass man noch von anderen Göttern ausging? Darauf komme ich später noch.

Das erste menschliche Paar waren nach der Tora: Adam und Chawah:

„Und es nannte Adam den Namen seiner Frau: Chawah, denn sie war die Mutter alles Lebenden. (Kapitel 3-20)"

Der Begriff „Mutter alles Lebenden" ist dann allerdings mehr als die Mutter der nachfolgenden Menschen. Chawah wäre dann eher eine Göttin, die wie die altgriechische Göttin Gaia als Urgrund des Lebendigen galt. Der griechische Dichter Hesiod hat in seiner „Theogonie" die Entstehung der Welt und der Götter in der Abfolge ihrer Herrschaft geschildert. Dieses Werk entstand um 700 v. Chr. und zählt neben Homers Ilias und Odyssee zu den ältesten Quellen der griechischen Mythologie. Nach Hesiod soll Gaia als eine der ersten Gottheiten aus dem Chaos entstanden sein. Die Bezeichnung „Mutter alles Lebenden" würde allerdings nicht zu der Darstellung der Tora passen, dass die Frau aus den Rippen von Adam erschaffen wurde.

Die Tora beschreibt das Lebensalter der Männer sehr detailliert. Adam wurde danach 930 Jahre alt, Sehet 912, Enosch 905, Kenan 910 usw. Die Bibel hat die Altersangaben übernommen. Nur die Namen sind teilweise anders geschrieben. Das gleiche wiederholt sich bei den aufgezählten Namen der männlichen Nachfahren von Noah. Zwar soll Noah noch 950 Jahre alt geworden sein, seine Nachfahren starben dann immer früher. Nachor wurde z.B. „nur"

119 Jahre alt.

Irgendwann taucht auch ein Frauenname in der langen Liste auf: Sarai, die Frau von Abram, obwohl sie keine Kinder bekommen konnte. Dies bedeutete einen anderen Verlauf der Geschichte des jüdischen Volkes. Sarai kümmerte sich um die Nachfahren, indem sie ihrem Mann eine ägyptische Magd vermittelte, aber später quälte, so dass diese floh. Als Abram 99 Jahre alt war, soll ihm Ha-Schem erschienen sein und einen Bund geschlossen haben. Danach sollten alle männlichen Nachfahren beschnitten werden und Abram den Namen Awraham (Abraham) tragen:

„Und ich mache dich fruchtbar über die Maßen und lasse dich werden zu Völkern, und Könige sollen von dir herkommen.“

Der Koran

Al-Qur'an bedeutet sinngemäß „Das Vorzutragende". Nach moslemischen Glauben ist der Koran das direkte, gesprochene Wort Gottes (Allahs), das seinem Propheten Mohammed ab dem Jahre 610 in Mekka, und später in Medina, offenbart wurde.

Die einheitliche arabische Fassung geht in ihrem Text unverändert auf die als verbindlich erklärte Version des dritten Kalifen Uthman im Jahre 653 n. Chr. zurück. Die Übersetzungen sind teilweise unterschiedlich ausgefallen, weil es schwierig ist, die bildhafte und phantasievolle arabische Sprache eindeutig zu übertragen. [29]

Mohammed wurde im Jahr 570 n. Chr. in Mekka geboren. Die Menschen lebten damals von Schafen und Ziegen und im Norden von etwas Dattelanbau. Blutfehden waren nicht unüblich und wurden im Allgemeinen nach dem Prinzip Auge um Auge, Zahn um Zahn gelöst. Mohammed stammte aus dem Adel von Mekka, die als die Quraisch bekannt waren. Seine Sippe oder Clan hieß Banū Haschim. Der Hauptgott der Quraisch war Allah, der Gott des Mondes.

Als Mohammed vierzig Jahre alt war, zog er sich monatelang in eine Höhle zurück, um zu beten und die religiösen Praktiken der Quraisch auszuführen. Er hatte Visionen, in denen ihn der Erzengel Gabriel besuchte. Er behauptete, dieser hätte ihm Schriften gezeigt und ihn angewiesen, sie vorzulesen, um sie lehren zu können. Später haben seine Anhänger diese Offenbarungen niedergeschrieben, um das zu werden, was heute als Koran bekannt ist. Seine Frau Khadidscha unterstützte ihn und wurde die erste, die zur neuen Religion „Islam" übertrat, was auf Arabisch „Unterwerfung" bedeutet. [30]

Der ganze Koran ist in Gedichtform geschrieben, was es auch leichter macht, ihn auswendig zu lernen. Die 114 Suren sind bis auf die erste Sure nach der Länge und nicht nach der Entstehung geordnet. Die Themen werden häufig in anderer Form wiederholt. Die Inhalte weichen manchmal voneinander ab, je nach dem Offenbahrungsort und dem geschichtlichen Zeitpunkt (Mekka oder Medina).

Die Widersprüchlichkeit verschiedener Suren war wohl auch damals schon ein Thema. Sure 2-106 geht darauf ein:

„Was wir auch an Versen aufheben oder in Vergessenheit bringen, wir bringen bessere oder gleiche dafür."

Insgesamt sollen 225 Verse des Korans durch spätere aufgehoben oder überschrieben worden sein. [31]

Allah wird als der einzige und als allmächtiger Gott beschrieben, der die Menschen erschaffen hat. Dieser Gott handelt nicht in einer zeitlosen Welt: „Ein Tag ist bei deinem Herrn gleich tausend Jahren von denen, die ihr rechnet" (22-46). Das würde bedeuten, dass die Erschaffung der Erde und der Menschen in 6 göttlichen Tagen eine Zeit von 6000 menschlichen Jahren gedauert hat.

Auch das Universum existiert nur eine begrenzte Zeit:

„An jenem Tag werden wir den Himmel zusammenrollen wie eine Schriftrolle. Wie wir die erste Schöpfung hervorbrachten, wollen wir sie wieder hervorbringen" (22-104).

Der Himmel erscheint komplex:

„Wir erschufen über euch sieben Himmel" (23-17).

„Und wahrlich, erschaffen haben wir den Menschen aus trocknem Lehm, aus geformtem Schlamm; und die Dschinn erschufen wir zuvor aus dem Feuer des Samum" (15-26).

Als Dschinnen wurden übernatürliche Wesen bezeichnet, die mit der Hitze eines Wüstensturms erschaffen und in einige göttliche Geheimnisse eingeweiht worden sein sollen. An anderer Stelle steht:

„Erschaffen hat er den Menschen aus einem Samentropfen" (16-4).

Noch konkreter:

„O ihr Menschen, wenn ihr betreffs der Auferstehung in Zweifel seid, so haben wir euch erschaffen aus Staub, alsdann aus einem Samentropfen,

alsdann aus geronnenem Blut, alsdann aus Fleisch, geformtem und un-geformtem, auf dass wir euch (unsre Allmacht) erwiesen" (22-5).

Zum Wesen des Menschen können wir im Koran Folgendes lesen:

„Siehe, der Mensch ist ungeduldig erschaffen; wenn ihm Schlimmes wi-derfährt, so ist er mutlos und wenn ihm Gutes widerfährt, so ist er knau-serig" (70-19) *…"Es beherrscht euch das Streben nach Mehr, bis ihr die Gräber besucht"* (102-1).

Die Engel sollten anscheinend den Menschen dienen. So ist wohl dieser Hinweis zu verstehen:

„Da wir zu den Engeln sprachen: »Werfet euch nieder vor Adam!« Da warfen sich alle nieder bis auf Iblis" (17-63).

Allah erwartet von den Menschen die Einhaltung bestimmter Re-geln und den unbedingten Glauben an ihn als einzigen Gott. Den Gläubigen verspricht er nach dem Tode den Eintritt in paradiesische Gärten:

„Darinnen werden sie reine Gattinnen empfangen und sollen ewig da-rinnen verweilen." (Sure 2).

Das Paradies im Jenseits wird im Koran den Gläubigen, die Gutes tun, etwa 50-mal an verschiedenen Stellen versprochen, so z.B. in der Sure 18:

„Für jene sind Edens Gärten, durcheilt von Bächen. Geschmückt wer-den sie darinnen mit Armspangen von Gold und gekleidet in grüne Klei-der von Seide und Brokat, sich lehnend darinnen auf Diwanen. Ein herrlicher Lohn und eine schöne Ruhestätte!"

Allah ist wie der Gott HaSchem aus der Tora ein Gott der Juden:

„Allah erwählte Adam und Noah und das Haus Abraham und das Haus Imran vor allen Menschen."(Sure 3.30).

Im Paradies wurden Adam und seine Frau aber nicht von der Schlange, sondern von Satan verführt (Sure 2.34).

Der Koran ist aber auch eine Kritik des Neuen Testaments und der Jesus-Geschichte:

„Gelobt sei Allah, der das Buch auf seinen Knecht hinab sandte und es nicht gekrümmt machte, ... um jene zu warnen, die da sprechen, Allah habe ein Kind gezeugt" (18-1).

Und an anderer Stelle:

„Und sie sprechen: »Gezeugt hat der Erbarmer einen Sohn.« Wahrlich, ihr behauptet ein ungeheuerlich Ding" (19-91).

Dies belegt den Grundkonflikt zwischen den Christen und Muslimen bis heute.

Das Gilgamesch-Epos

Die älteste schriftliche Überlieferung ist das „Gilgamesch-Epos", das auf Tontafeln in Keilschrift im heutigen Irak gefunden wurde. Gilgamesch soll zwischen 2652 und 2602 v. Chr. König im Stadtstaat Uruk gewesen sein und wird in der sogenannten Königsliste der Sumerer erwähnt. [32] Danach war Gilgamesch einer der Herrscher der 1. Dynastie. Wir wissen nicht, was dabei Dichtung und was Geschichte ist.

Die Ruine von Uruk war seit 1849 eine Ausgrabungsstätte verschiedener Archäologen. Heute wissen wir, dass Uruk mit einer Ausdehnung von 550 ha die größte Stadt im südlichen Babylonien war und etwa 5000 Jahre bis ins 3. Jahrhundert n. Chr. besiedelt wurde. Die ausgegrabenen Tempelanlagen zeigen, dass dort der „Himmelsgott An" und die „Göttin Ischtar" verehrt worden sind. Das besondere an Gilgamesch ist: Er soll zu zwei Drittel ein Gott und zu einem Drittel Mensch gewesen sein und hat deshalb seine Unsterblichkeit eingebüßt.

Nach dem Epos hat der Gott Anu dem Halbgott Gilgamesch den Auftrag erteilt, die Städte wiederherzustellen, die von der Sintflut zerstört worden waren.[33] Er freundete sich mit einem Menschen namens „Enkidu" an, der in der Steppe geboren wurde, keine Eltern hatte und tötete mit ihm den „Himmelsstier" und den Riesenvogel „Chumbaba". Enkidu („Mann der guten Erde") soll auf Anweisung des Gottes Anu von der Göttin Aruru als Wilder mit dichtbehaartem Körper erschaffen worden sein.

Der natürliche Tod des Menschen Enkidu erschreckt Gilgamesch so sehr, dass er in die Steppe lief. Er erfährt, dass „die großen Götter" (Annunaki) die sterblichen Menschen erschaffen haben und dann eine Sintflut verursachten, um diese zu töten. Offensichtlich waren sie von ihrer Schöpfung enttäuscht worden.

Der Sohn von „Ubara-Tutus" aus der Stadt „Schuruppak" am Euphrat wurde beauftragt, ein Schiff zu bauen. Er sollte das Leben erhalten und „beseelte Samen" ins Schiff aufnehmen. Das „Schiff" hatte die Maße eines Würfels mit 120 Ellen Seitenlänge (also etwa 54 Meter). Die Geschichte der Arche Noah aus der Tora und Bibel hat also eine Vorgeschichte!

Das Gilgamesch-Epos beschreibt die Sintflut noch etwas anders:

„Ninurta geht, lässt das Wasserbecken ausströmen. Die Anunnaki hoben Fackeln empor, mit ihrem grausen Glanz das Land zu entflammen."[34]

Mehrere Götter haben danach die Sintflut organisiert. Ninurta gilt als Gott der Fruchtbarkeit. Die Anunnaki werden als „die großen Götter" bezeichnet. Als die Sintflut kommt, sind die Götter von der Wirkung so entsetzt, dass sie hinauf zum Himmel des Anu entwichen und über das Ergebnis weinen.

Die Göttin Ischtar wird zitiert:

„Wie konnte in der Schar der Götter ich Schlimmes gebieten, den Kampf zur Vernichtung meiner Menschen gebieten! Erst gebäre ich meine lieben Menschen, Dann erfüllen sie wie Fischbrut das Meer!"

Dann heißt es: „Das Menschengeschlecht war ganz zu Erde geworden!" Der Gott Enlil beschwert sich noch darüber, dass einige Menschen gerettet worden sind.

Utnapischtim erzählt Gilgamesch ein Geheimnis, damit dieser in die Heimat zurückkehrt. Es geht um ein dem Stechdorn ähnliches Gewächs, das Leben spendet: „Ein Gewächs gegen die Unruhe, durch welches der Mensch sein Leben erlangt." Gilgamesch fand diese Pflanze, die auf Greise wie ein Jungbrunnen wirken sollte. Doch bevor er sie probieren kann, hat eine Schlange die Pflanze gestohlen.

Als sein menschlicher Freund Enkidu gestorben war, bat er Nergal darum, ein Loch in die Erde zu machen. Der „Totengeist" von Enkidu erscheint und Gilgamesch möchte etwas über die „Ordnung der Erde" wissen. Enkidu beschreibt den Zersetzungsprozess des Körpers, wie er zu „Erdenstaub" wird und berichtet davon, dass er viele tote Menschen wiedergesehen hat.

Die Geschichte vom Halbgott Gilgamesch ist älter als die Bibeltexte. Es kann also sein, dass ein Teil dieser Geschichte auch in der Tora verarbeitet wurde. Der Mensch wurde danach von der Göttin Aruru erschaffen. Im Unterschied zu den Göttern (den Anunnaki) war das neue Wesen sterblich und hatte einen beharrten Körper. Gilgamesch sollte die von der Sintflut zerstörten Städte wieder aufbauen. Außerdem wird hier schon der Bau einer Arche veranlasst, um die „beseelten Samen" für die Zeit nach der Sintflut zu erhalten.

Die Apokryphen

Die Apokryphen sind eine Sammlung alter religiöser Schriften aus der Zeit zwischen etwa 200 vor und 400 nach Christus, die nicht in einen biblischen Kanon aufgenommen wurden, weil über deren Zugehörigkeit Uneinigkeit bestand oder die Inhalte zu einer widersprüchlichen Auslegung geführt hätten. Der „Kanonisierungsprozess" dauerte etwa 200 Jahre. Während der Synode von Jamnia 95 n. Chr. soll es zu einer Übereinkunft gekommen sein.[35] Danach sind beispielsweise 24 Bücher in den hebräischen Tanach aufgenommen worden.

Es gibt aber eine Sammlung biblischer Texte, die um das Jahr 130 v. Chr. entstanden sein soll und heute „Septuaginta" genannt wird. Der Name verweist auf eine Darstellung in einem Brief eines „Aristeas" hin, der angeblich am Hofe des ägyptischen Königs Ptolemaios II. gelebt haben soll. Danach hätten 72 Übersetzer die alten

Bibeltexte in 72 Tagen ins Griechische übersetzt. Historiker gehen davon aus, dass der Name Aristeas ein Pseudonym eines ägyptischen Juden aus Alexandria war. Dieser Aristeas meinte, der griechische Hauptgott Zeus sei mit dem hebräischen HaSchem identisch gewesen. Die Septuaginta enthielt 53 Bücher verschiedener heute teilweise unbekannter Propheten.[36]

In den Apokryphen findet sich beispielsweise eine interessante Version der Geschichte Adams:

„Und Adam sprach zu Seth: Nachdem wir aus dem Paradiese getrieben waren, ich und deine Mutter, da kam, als wir beim Gebete waren, der Erzengel Michael zu mir, von Gott gesandt. Ich sah einen Wagen dem Winde gleich, feurig waren seine Räder; und ich ward entrückt ins Paradies der Gerechtigkeit. Und ich sah den Herrn dasitzen; sein Anblick war unerträgliches brennendes Feuer, und viele tausend Engel waren zur Rechten und zur Linken jenes Wagens.[37]*... Und Eva blickt zum Himmel auf; da sieht sie einen Lichtwagen heranfahren, gezogen von vier glänzenden Adlern. Kein aus dem Mutterleib Geborener kann ihre Herrlichkeit beschreiben, noch in ihr Antlitz schauen; voraus dem Wagen gingen Engel.“*

Das ist zumindest ein ungewöhnlicher Auftritt von Engeln und erinnert ein wenig an heutige Beschreibungen von „Unbekannten Flugobjekten". Adam soll sogar mit solch einem „Wagen" ins Paradies gebracht worden sein:

„Als der Satan vom Himmel gestoßen wurde, ward Adam erhöht, so dass er zum Paradies in einem feurigen Wagen hinauffuhr."[38]

Die Apokryphen scheinen noch mehr Fragen zu verursachen als der

Tanach ohnehin. Martin Luther hat sich deshalb in seiner Übersetzung wohl auf den hebräischen Kanon bezogen und die zusätzlichen
Texte aus der griechischen Septuaginta ignoriert.

Der Zensur fielen beispielsweise folgende Schriften zum Opfer: Die
Bücher Judit, Tobit, Baruch, Sirach, Daniel, Ester, Henoch und die
Makkabäer. [39]

Merkwürdiges wird da auch von Nimrod erzählt:

*„In des Serug Tagen, in seinem einhundertdreißigsten Jahr, herrschte
der erste König auf Erden, Nimrod, der Riese, der neunundsechzig Jahre
regierte; die Hauptstadt seines Reiches war Babel ... Dieser erblickte etwas gleich einer Krone am Himmel; da berief er den Weber Sisan und
dieser flocht ihm eine ähnliche und setzte sie ihm aufs Haupt ... In des
Peleg Tagen wurde der Turm zu Babel gebaut; dort wurden ihre Sprachen verwirrt, und von dort wurden sie über die ganze Welt zerstreut
... Alle Sprachen der Welt gingen vom Syrischen aus ... Nimrod gründete
im Osten starke Städte: Babel, Ninive, Resen, Seleucia, Ktesiphon und
Aserbeidschan; auch machte er drei Festungen.“[40]*

Ein Riese, der ein Flugobjekt am Himmel sieht und sich daraus eine
Krone basteln lässt. Ein König, der viele Städte gründete, die archäologisch belegt sind. Warum ist das eine Legende und das andere
Geschichte? Diese Frage werden wir wahrscheinlich nie abschließend beantworten können.

Das Buch Henoch

Das Buch Henoch ist eine Sammlung verschiedener apokalyptischer
alter Texte, die nicht in den Kanon der Bibel aufgenommen wurden.

Die ältesten Teile sollen aus dem 3. Jahrhundert v. Chr. stammen und wurden 1948 in den Höhlen von Qumran gefunden. Henoch war der siebte Nachkomme von Adam und soll wie der Prophet Elija in den „Himmel" aufgestiegen sein.

Auch hier wird von einer Vermischung göttlicher Wesen mit den menschlichen Frauen gesprochen. Es sollen 200 gewesen sein, die vom Berg Hermon herunterstiegen:

„Und als die Engel, die Söhne des Himmels sie erblickten, entbrannten sie in Liebe zu ihnen und sprachen zueinander: Kommt, lasst uns für uns Weiber auswählen aus der Nachkommenschaft der Menschen und lasst uns Kinder zeugen. Ihre Zahl betrug zwei hundert, welche herabstiegen auf Ardis, den Gipfel des Berges Armon. Ihnen wohnten sie bei, lehrten sie Zauberei, Beschwörungen und das Teilen von Wurzeln und Bäumen. Und die Weiber empfingen und gebaren Riesen, deren Länge dreihundert Ellen betrug. Diese verschlangen allen Erwerb der Menschen, bis es unmöglich wurde, sie zu ernähren. "[41]

Eine Elle entspricht in der Bibel der Breite von 24 Fingern und damit etwa 45 cm. Dann wären diese Riesen 135 Meter groß gewesen. Das klingt dann doch eher nach einem Märchen.

An einer anderen Stelle ist von den „Söhnen der Wächter" die Rede, die vernichtet werden, weil sie die Menschen misshandelt haben. Sie sollen ihnen aber auch die Bearbeitung von Metallen zur Herstellung von Waffen und Schmuck gezeigt haben. Sie lehrten die Menschen zusätzlich im Gebrauch von Magie, Astrologie, Astronomie und Wolkenkunde. Der Höchste der Götter versprach:

„Die Erde wird rein sein von aller Verderbnis, von aller Sünde, von

aller Plage und von aller Qual, und ich werde nicht abermals eine Flut
über sie senden von Geschlecht zu Geschlecht und bis in Ewigkeit. "

Henoch wurde als Bote zwischen den obersten Göttern und den
„Söhnen des Himmels" eingesetzt und musste ihnen die Mitteilung
überbringen, dass sie verdammt wurden. Henoch wurde danach in
verschiedene Geheimnisse eingeweiht und dann der Erde entzogen:

*„Sie nahmen mich fort und versetzten mich an einen Ort, wo die dort
befindlichen Dinge wie flammendes Feuer sind, und wenn sie wollen,
erscheinen sie wie Menschen ... Sie trugen mich hinein in den Himmel.
Ich trat ein, bis ich mich einer Mauer näherte, die aus Kristallsteinen
gebaut und von feurigen Zungen umgeben war; und sie begann mir
Furcht einzujagen.* " [42]

In Henochs "Reisebericht" werden nicht nur Namen der Anführer
der „Söhne des Himmels" genannt, sondern auch die Namen und
Funktionen der „heiligen Engel, die wachen", darunter Uriel,
Raphael, Michael und Gabriel. Das Volk Israel wird dabei als „der
beste Teil der Menschen bezeichnet" (Kapitel 20).

Henoch beschreibt viele Details von seiner „Himmelsreise":

*„Sie hoben mich in die Höhe an einen Platz, wo da war die Erscheinung
eines brennenden Feuers; und wenn es ihnen gefiel, so nahmen sie die
Gestalt von Menschen ... Ich sah auch die Mündungen aller Flüsse in
der Welt und die Mündungen in der Tiefe ... Eine Wolke raffte mich
dann auf und der Wind hob mich über die Oberfläche der Erde, und
setzte mich an das Ende der Himmel.* "[43]

Es ist verständlich, dass Erich von Däniken seine These, die Götter
der Menschen seien Außerirdische gewesen, auch mit dem Buch

Henoch belegte. Es ist aber auch leicht, zu erklären, warum die Archäologen und Theologen bis heute nichts von dieser Interpretation hören wollen. Was wären dann die Geschichten aus dem Alten Testament und dem Koran noch wert, wenn sie nicht echte Gotteserfahrungen wiedergeben würden, sondern nur die eigennützige Geschichte einer außerirdischen Rasse, mit der wir genetisch verwandt sind, weil sie uns erschaffen haben?

Das Popol Vuh der Maya

Die Maya-Kultur soll schon 2600 v. Chr. auf der Halbinsel Yukatan im heutigen Mexiko aufgetaucht sein. Als die spanische Eroberung im 16. Jahrhundert begann, war die Maya-Kultur schon Geschichte. Es wird vermutet, dass eine Klimaveränderung die Regenfälle drastisch verringert hat und es Ernährungsprobleme wegen der ausbleibenden Ernten gab.

Die Mayas glaubten, sie seien von Göttern aus gemahlenem Mais und Blut erschaffen worden. Weil die Götter ihr Blut für die Menschen geopfert haben, opferten die Mayas in blutigen Ritualen Sklaven, Kinder und Kriegsgefangene.

Die Mayas nutzten schon einen Kalender mit 365 Tagen. Nach 7.885 Jahren sollte das Universum zerstört und dann wieder neu erschaffen werden. 2012 begann danach eine neue Periode. Der prognostizierte Weltuntergang war offensichtlich ein Übersetzungsfehler bzw. eine falsche Interpretation des Kalenderzyklus der Maya.

Die Mayas benutzten ein Schreibsystem aus besonderen Hieroglyphen. Interessant ist, dass sie die Schädelform der Babies länglich formten, um sie ihren Gottheiten anzunähern. [44] Diese Praxis ist nicht einfach zu erklären, wenn man annimmt, die Götter wären nur Phantasieprodukte der Menschen gewesen. Einfacher haben wir es mit der Vorstellung, die Menschen wären nach dem Ebenbild Gottes bzw. von Göttern erschaffen worden. Merkwürdigerweise passen die sogenannten Paracas-Schädel, die in Peru gefunden worden sind, zu dieser Schilderung (vgl. Abschnitt „Geheimnisvolle Artefakte").

Auch die Maya-Kultur hatte ihren Schöpfungsmythos. Im Popol Vuh wird die Geschichte genau beschrieben. Die Götter Alom und Q'ajolom erschufen zuerst Hirsche, Vögel, Pumas, Jaguare und Schlangen und erst dann die Menschen. [45]

Das Popol Vuh („Buch des Rates") ist das heilige Buch der Quiché-Maya in Guatemala und hat seinen Ursprung wahrscheinlich in uralten Überlieferungen, die im gesamten Maya-Kulturraum verbreitet waren. Die Spanier verboten bei Ihrem Erscheinen im 16. Jahrhundert die Verwendung der Maya-Schrift und vernichteten die Handschriften. Einigen Maya-Priestern gelang es jedoch, Abschriften alter Maya-Bücher anzufertigen. Eine dieser Abschriften fiel um das Jahr 1702 dem spanischen Dominikaner-Priester Francisco Ximénez in die Hände, der die Texte ins Spanische übersetzte. Es ist nicht ausgeschlossen, dass an dem ursprünglichen Text im Laufe der Zeit Veränderungen vorgenommen wurden und sich deshalb das Popol Vuh mit der Geschichte aus der Tora und dem Alten Testament der Bibel in Bezug auf die Sintflut gleichen.

Das Popol Vuh beschreibt die Schöpfung des Menschen sehr detailliert. Zunächst scheitern die Versuche der Götter, Wesen zu schaffen, die sie verehren sollten. Weder die Tiere noch die Wesen aus

Schlamm und Holz beteten zu den Göttern, weshalb sie vernichtet werden. Erst mit der Erschaffung der Menschen aus Mais wird die Schöpfung vollendet. Die ersten Menschen, die Ahnväter der Quiché, verehrten die Götter, wie diese es erwarteten, und machten die Schöpfung nunmehr zu einem Erfolg. Sie breiteten sich aus und unterwarfen im Auftrag ihres Stammesgottes Tohil die Nachbarvölker. Irgendwie kommt mir diese Geschichte bekannt vor...

Nach dem Tod der Ahnväter wird die Wanderung der Quiché erzählt, die in ihrer letzten Hauptstadt Cumarcaah endete, von der aus sie das Hochland von Guatemala bis zur Eroberung durch Pedro de Alvarado im Jahre 1524 beherrschten. Im Popol Vuh wird eine Heilsgeschichte mit den Quiché als auserwähltem Volk erzählt, die etwas anders als die christliche Heilsgeschichte aussieht. Aber es gibt viele Ähnlichkeiten.

Im Folgenden habe ich die wichtigsten Auszüge hintereinander gestellt:

»Es werde Licht! Dass Himmel und Erde sich erhellen! Nicht Ruhm noch Größe wird sein, bis der Mensch erscheint, bis der Mensch geschaffen.« »Erde!« sagten sie, und im Augenblick war sie geschaffen. Darauf schufen sie die Tiere des Waldes, die Wächter der Wälder und Berge: Lobet uns! Rufet an Huracán, Chipí-Cakulhá, Raxa-Cakulhá, das Herz des Himmels, das Herz der Erde, den Schöpfer, den Former, die Erzeuger. Sprechet! Rufet uns an! Verehrt uns!« So sagten sie ihnen. Aber jene konnten nicht wie Menschen sprechen. Sie zischten, schrien und gackerten. Zu den Tieren sagten sie : »Wir werden euch ersetzen, da ihr nicht sprechen könnt. Wir haben unseren Sinn geändert. Was ist zu tun,

dass man uns anrufe und erinnere auf der Erde? Schon schufen wir unsere ersten Werke, unsere ersten Wesen. Aber sie konnten uns nicht preisen und verehren. Lasst uns denn ein Wesen schaffen, das gehorsam sei und ergeben und uns nährt und erhält.«

Also sprachen sie. »Es gilt eine neue Zusammenkunft. Es gilt die Mittel zu finden, dass der Mensch, den wir formen, der Mensch, den wir schaffen werden, uns erhalte und nähre, dass er uns anrufe und unserer gedenke.« Und sogleich wurden die Wesen aus Holz geschaffen. Sie glichen dem Menschen, sie sprachen wie Menschen und sie bevölkerten die Erde. Aber sie hatten keine Seele, keinen Verstand, sie erinnerten sich nicht des Schöpfers und Formers. Ziellos gingen sie herum und auf allen vieren liefen sie. Weil sie das Herz des Himmels nicht erinnerten, wurden sie verworfen. Es war nur ein Entwurf, ein Versuch zum Menschen. Das waren die ersten Menschen, zahlreich lebten sie auf der Erde Antlitz. Darauf wurden sie zerstört und vernichtet, diese Gebilde aus Holz, und empfingen den Tod. Eine Flut erweckte das Herz des Himmels, und große Wasser fielen auf das Haupt der Wesen aus Holz. Und das geschah zur Strafe, da sie weder ihres Vaters noch ihrer Mutter gedacht hatten, nicht des Herzens des Himmels, dessen Name Huracán ist. Und man sagt, die Nachkommen jener seien die Affen, die heute in den Wäldern leben. An ihnen kann man jene erkennen, denen Schöpfer und Former aus Holz das Fleisch machten.

Darauf geschah die Schöpfung und Formung. Aus Erde, aus Lehm machten sie des Menschen Fleisch. Wohl sprach es, aber es hatte keine Vernunft. Und es sagten der Schöpfer und der Former: »Es zeigt sich, dass das nicht gehen und sich nicht vermehren kann. Hierüber müssen wir uns beraten.« So sagten sie. Dann zerstörten und zerschlugen sie das

Werk ihrer Schöpfung."

Im Popol Vuh (manchmal auch „Poopol Wuuj" geschrieben) wird der schwierige Schöpfungsprozess des Menschen und die Motive der Götter sehr anschaulich beschrieben. Die Menschen sollten gehorsam und opferbereit sein und die Götter ehren und anbeten. Auch die Götter der Maya gingen nicht uneigennützig zu Werke.

Bewertung

Vor tausenden von Jahren haben sich Menschen schon viele Gedanken über den Sinn ihrer Welt und der Rolle des Menschen gemacht. Die Fragen, die wir uns heute noch stellen, sind schon immer gestellt worden. Das gehört zum Wesen des Menschen dazu. Natürlich hat man in der Vergangenheit keine Werkzeuge gehabt, um das Universum und den Mikrokosmos zu erkunden. Die Aussagen zur Erschaffung der Welt und des Menschen sind dementsprechend vage, mystisch oder aus heutiger Sicht unverständlich. Die Schöpfungsgeschichten der Bibel und des Koran sind sehr einfach gehalten und zeigen, dass man damals noch keine Ahnung von der wirklichen Größe des Universums hatte. Der „Kosmos" bestand nur aus einem Teil unseres Sonnensystems.

Interessant ist, dass die älteren Schriften wie die Bhagavadgita und der Tao-Te-King Erkenntnisse enthalten, die gar nicht so weit von heutigen astrophysikalischen Beschreibungen entfernt sind. Eine Schätzung des Alters des Universums wurde nicht vorgenommen.

Die Aussagen zur Geschichte des Menschen weichen ebenfalls von der heutigen evolutionären Vorstellung ab, die von einer Mutation vor etwa 60.000 Jahren ausgeht. Die alten Schriften der Menschheit gehen alle von einer Erschaffung des Menschen durch verschiedene „Götter" aus und beschreiben teilweise mehrere göttliche Aktivitäten, um die „verunglückten" Schöpfungen zu beseitigen. Die Geschichte zur Erschaffung des Adam geht mit großer Wahrscheinlichkeit auf eine 3700 Jahre alte in Keilschrift erhaltene assyrische Legende zurück. Dort wurde „Adapa" erschaffen, um den Göttern zu dienen:

„Ich will einen primitiven Arbeiter erschaffen; er soll im Dienst der Götter stehen, auf dass sie es leichter haben." [46]

Archäologische Funde und Artefakte aus der Frühzeit der Menschen können auch im Sinne technologischer Brüche gedeutet werden. Auch die These von der Erschaffung der Menschen durch Außerirdische sollte man nicht gleich in die „Witzkiste" verbannen, sondern vorurteilsfrei prüfen.

Seit wenigen Jahren sehen wir die Existenz hunderttausender erdähnlicher Exoplaneten in unserer Galaxie. Wir kennen zwar noch keine Technologie, um die riesigen Entfernungen zu überbrücken. Wir können aber nicht ausschließen, dass ältere Zivilisationen auf anderen Planeten längst eine Technik zur Eroberung des Weltraums entwickelt haben. Es macht also Sinn, die alten Geschichten der Menschheit nicht grundsätzlich als Mythen abzutun, sondern möglicherweise als eine damalige Form der Geschichtsschreibung zu sehen.

Geheimnisvolle Artefakte

Die Archäologie und Anthropologie erwarten bei ihrer Erforschung der Geschichte des Homo sapiens eine evolutionäre Entwicklung der Menschheit. Artefakte und Bauten früherer Kulturen werden aus dieser Sichtweise heraus bewertet. Wenn sie nicht in das Bild passen, dann werden bestimmte Gegenstände und Techniken entweder ignoriert oder mythisch gedeutet.

Man hat eine ungeheure Angst davor, in die „Erich-von-Däniken-Schublade" gesteckt und als spekulative Wissenschaft an den Rand der Gesellschaft verbannt zu werden. Das könnte dann bedeuten, dass die Forschungsgelder gestrichen werden und existenzielle Probleme entstehen. Diese Angst kann ich nachvollziehen. Die Geschichte der Wissenschaften zeigt, dass es neuere Theorien immer schwer haben, sich durchzusetzen, auch wenn sie die Wirklichkeit richtig oder besser beschreiben und die Forschung voranbringen. Innovationen haben es immer schwer. Das gilt für die Technik und neue Gedanken gleichermaßen. Im Folgenden werde ich ein paar Fakten im Zusammenhang mit der frühen Geschichte des Menschen aufführen, die geeignet sind, unser bisheriges Bild von der Geschichte etwas ins Wanken zu bringen. Ich werde keine eigenen Spekulationen anstellen, aber offene Fragen formulieren.

Das Kreuz in der Steppe Kasachstans

Der Hobbyforscher Dmitriy Dey war 2007 durch eine Dokumentation über das Alte Ägypten auf die Idee gekommen, in seiner Heimat nach Überbleibseln vergangener Epochen zu suchen. Mit den Satellitenfotos von Google Earth untersuchte er Teile Kasachstans auf geometrisch unnatürliche Formationen und wurde fündig. Er entdeckte ein Kreuz in einem Quadrat und ein merkwürdig geformtes Symbol. Dies weckte das Interesse verschiedener Forschergruppen, die insgesamt 82 solcher Hügelformationen dokumentierten.[59]

Die Zeichen bestehen aus teilweise bis zu 100 etwa 1 Meter hohen Erdhügeln, die aus großer Höhe gut zu erkennen sind. Das Alter der Kreuze und Ringe wird auf das 8. Jahrhundert v. Chr. datiert. Nach Schätzungen der kasachischen Akademie für Architektur mussten für beispielsweise das „Quadratkreuz" etwa 8000 Kubikmeter Erde bewegt werden und 50 Arbeiter ca. 40 Tage arbeiten. Da es sich um schweren Lehmboden handelte, muss die Arbeit sehr mühsam gewesen sein. Selbst mit heutigen Spaten aus Stahl war dies kaum zu leisten, wie die Archäologen berichteten. Die Grabhügel werden mit einer nomadischen Hochkultur in Verbindung gebracht: Die Skythen, die große Grabhügel bauten und Gold bearbeiten konnten. Sie lebten von 800 bis 200 v. Chr. in der eurasischen Steppe.

Obwohl man die Formationen nur aus großer Höhe als solche erkennen kann, geht die Archäologie davon aus, dass damit lediglich der Besitz dieser Landstriche markiert werden sollte, um andere räuberische Nomadenstämme abzuschrecken. Eine nicht sehr überzeugende Erklärung! Vom Boden aus wirken diese Geoglyphen eher unscheinbar. Nicht vorstellbar, dass sich Nomadenstämme so viel Arbeit gemacht haben sollen, um mit Erdhügeln Zeichen in die Landschaft zu malen, die von unten nicht zu erkennen sind.

Nasca-Linien im Süden Perus

Bekannter als die Erdwerke von Turgai sind die sogenannten Nasca-Linien im Süden Perus. Auch diese Zeichen sind nur aus großer Höhe erkennbar. Weil man auf dem Boden auch Opferrituale dokumentieren konnte, geht unsere Wissenschaft auch hier davon aus, dass mit diesen Gebilden religiöse Zwecke verfolgt werden sollten. Andere Interpretationen gehen von „Zeichen für die Götter" und „Landebahnen für Außerirdische" aus, was sich im Grunde nicht widerspricht. Einen guten Eindruck vermitteln die Luftbildaufnahmen von Marilyn Bridges.[47] Auch im Altai-Gebirge wurden vergleichbare Zeichen gesichtet.

Tempel in Göbekli Tepe: 11.500 Jahre alt

Im südostanatolischen Bergland auf dem Hügel des Göbekli Tepe (Nadelberg) bei Sanliurfa wurde von Archäologen eine riesige Anlage freigelegt, die etwa um 9500 v. Chr. erbaut worden sein soll. Dort wurden zu einer Zeit, als die Menschen als Jäger und Sammler noch in der Steinzeit lebten, Blöcke mit einem Gewicht von 50 Tonnen bewegt und 7 m hohe Säulen errichtet. Die mächtigen T-förmigen Säulen sind oft mit Tiersymbolen verziert, deren Sinn bislang ein Geheimnis ist. Auf dem Berg wurden insgesamt etwa 20 elliptisch angeordnete Tempelanlagen gefunden, von denen bislang 4 ausgegraben worden sind. Angeblich 38 km entfernt vom ehemaligen Wohnort des biblischen Patriarchen Abraham. Etwa 330 km entfernt vom Berg Ararat, auf dem die Arche gestrandet sein soll.[60] Göbekli Tepe zeigt, dass die menschliche Geschichte möglicherweise anders ablief, als wir heute denken.

Grabbeigaben vor 2000 Jahren

Im Hügel von Mawangdui nordöstlich von Changsha (VR China) legten Archäologen Anfang der 70er Jahre drei Grabkammern der Fürstenfamilie von Dai frei. Dort entdeckte man die unverweste Leiche der Xin Zhui („Lady Dai"), der Gattin des Premierministers Li Chang der Han-Dynastie (206 v. Chr. bis 24 n. Chr.).

Eine Obduktion ergab, dass immer noch Blut in den Adern der Fürstin vorhanden ist. Die inneren Organe sind in einem so guten Zustand, dass man annehmen könnte, sie sei erst kürzlich verstorben. Unter den mehr als 3000 Grabbeigaben wurden verschiedene astronomische und medizinische Werke gefunden, die im Museum der Provinz Hunan aufbewahrt werden.

Ein Manuskript aus Seide trägt den Titel »Umläufe von fünf Planeten«. Dort werden die Umlaufzeiten der Planeten Merkur, Venus, Mars, Jupiter und Saturn um die Sonne genau aufgelistet. Die Abweichung bei den Bahndaten ist minimal. Eine Periode wird am Beispiel der Venus mit 584,4 Tagen angegeben. Astronomen der Gegenwart errechnen dafür einen Wert von 583,9 Tagen. Eine unglaubliche Genauigkeit!

Auf einem quadratischen Seidentuch mit einer Seitenlänge von 96 Zentimetern sind Regionen der aneinandergrenzenden Provinzen Guangxi, Guangdong und Hunan kartografisch dargestellt – exakt im Maßstab 1:180.000. Flüsse und Landstriche sind so verzeichnet, als wären sie aus dem Erdorbit erfasst worden. Vergleiche mit Satellitenaufnahmen der NASA bestätigen diesen Eindruck. [48]

2000 Jahre alte Batterien im Irak

Südöstlich von Bagdad wurden 1936 im Gebiet Khujut Rabu'a Keramikgefässe mit einem Kupferzylinder und einem isolierten Eisenstab in der Mitte gefunden. Versuche haben gezeigt, dass diese nach dem Galvanischen Prinzip als Stromerzeuger funktionierten. 1978 hatte der Leiter des Hildesheimer Roemer-Pelizeus-Museums Arne Eggebrecht (1935-2004) einen Medienwirbel verursacht, als er den Versuch öffentlich präsentierte. Die Archäologen gehen davon aus, dass damit Goldlegierungen hergestellt werden konnten. Die Gefäße sollen aus der Epoche der Parther stammen (247 v. Chr. bis 228 n. Chr.) und werden im Irakischen Nationalmuseum in Bagdad ausgestellt.

Ein Relief im Hathor-Tempel von Dendera (Ägypten) kann im Übrigen als Darstellung einer Elektrolyse aufgefasst werden. Davon konnte ich mir vor Ort ein Bild und Foto machen. Man kann dies natürlich auch als Kultobjekt bezeichnen...

Mechanischer Computer: Antkyther

Um 1900 fand man in 40 Meter Wassertiefe bei Kreta verrostete Bronzeteile in einem gesunkenen Handelsschiff, das um 80 v. Chr. auf dem Weg nach Rom war. 1971 wurden die Teile mit Hilfe von Gammastrahlen durchleuchtet. Man fand rund 30 Zahnräder, die wie ein Differentialgetriebe angeordnet waren. Mit der „Mechanik von Antkyther" konnten komplizierte astronomische Berechnungen von Sonne, Mond und wahrscheinlich einigen Planeten durchgeführt werden. Ursprünglich soll die Maschine aus rund 70 Zahnrädern bestanden haben. Cicero (106 bis 43 v. Chr.) erwähnte die Fähigkeiten dieser Maschine im übrigen in seinen Aufzeichnungen. Viele Historiker haben diese Darstellung in das Reich dichterischer Freiheit verbannt und sahen es als Phantasieprodukt an.[49]

Die flugtechnischen Kenntnisse der Pharaonen

Im Nationalmuseum von Kairo findet man ein Modell eines „Segelflugzeugs", das in der Nähe der Stufenpyramide von Sakkara gefunden wurde und aus der Zeit um 250 v. Chr. stammen soll. Es ist eines von etwa 10 antiken Flugmodellen, die dort entdeckt worden sind.

Archäologen bezeichnen dieses Artefakt als „Taube von Sakkara", obwohl es eher einem Objekt mit Falkenkopf gleicht und der Schwanz nicht waagerecht, sondern senkrecht und eckig, wie ein Höhenruder geformt ist. Die Flügelenden sind aerodynamisch nach unten gebogen und wirken sehr modern. Auf einem Tuch, das bei dem Artefakt lag, stand ein Hinweis: „Pa-di-Imen", was als „Geschenk Amuns" übersetzt wurde. „Pa" ist allerdings auch ein Begriff für „fliegen". Das Objekt kann demnach auch der sogenannten Min-Kultur um 1570 v. Chr. entstammen. Min wurde mit dem „Schöpfer- und Luftgott" Amun gleichgesetzt. [50]

Flugobjekte hat man im Übrigen auch in Schachtgräbern in Kolumbien gefunden und auf ein Alter von 500 n. Chr. datiert. Dabei handelt es sich um mehrere vergoldete Objekte mit delta-förmigen Flügeln und einem Höhen- und Seitenruder am Ende. Die Archäologen sahen darin „fliegende Krokodile" und religiöse Kultobjekte. Vergrößerte Modelle wiesen im Test erstaunliche Flugeigenschaften auf.

Die eiserne Säule von Delhi

In Indiens erster Moschee, dem Qutab-Minar-Komplex, befindet sich eine 7 Meter hohe und 6 Tonnen schwere Eisensäule, die angeblich aus dem 5. Jahrhundert n. Chr. stammen soll. Ursprünglich soll diese mal in einem Tempel in Bihar aufgestellt gewesen sein, der dem Gott Vishnu geweiht war. Das Besondere an dieser Säule ist der extrem hohe Reinheitsgehalt von 99,75 % Eisen. Dadurch konnte diese Säule nicht rosten. Bis heute ist nicht klar, wie diese Säule geschmiedet worden sein soll.[51]

Die Glimmer-Kammer von Teotihuacán

In Mexiko wurde (vielleicht im ersten Jahrhundert n. Chr.) die Stadt Teotihuacán auf einer Fläche von 24 km² mit der sogenannten Sonnenpyramide gebaut. Bislang ist nicht bekannt, wer die Erbauer waren. Die Azteken haben später diese Anlage übernommen und diese Stadt „Ort der Götter" genannt. In den Gebäuden sind auch astronomische Daten verewigt worden wie ein Schaltjahr mit 366 Tagen und die Dimensionen der Planetenbahnen unseres Sonnensystems.[52] Besonders seltsam ist ein Kellergewölbe, das mit Glimmer (Kalialuminiumsilikat) ausgekleidet worden ist, den es in Mexiko nicht gibt. Außerdem wurde auch ein mit Glimmer verkleidetes Rohr gefunden. Der Zweck dieser Einrichtung ist bis heute unbekannt.

Puma Puncu

Auf der Hochebene Altiplano in Bolivien befindet sich ein Trümmerfeld einer uralten Steinanlage, die in der Zeit zwischen 10.000 und 4.000 v. Chr. entstanden sein soll. Es gibt allerdings auch Archäologen, die eine Datierung von 600 n. Chr. angenommen haben. Die Steine sind exakt bearbeitet und wiegen bis zu 1000 t. Das besondere ist, dass sich die komplizierte Struktur in vielen Steinen wiederholt und eine Art Baukastensystem darstellt.

Die Steine sehen wie gefräst oder auch teilweise gebohrt aus und passen Millimeter genau zusammen. Die Innenkanten sind exakt rechtwinkelig ausgeführt worden und können nicht durch eine Steinhammermethode erklärt werden. Die Bodenplatten wurden ursprünglich mit Klammern aus einer Kupfer-Nickel-Legierung zusammengehalten.[53] Wie die Steine über hunderte von Kilometern transportiert worden sind, bleibt ein Rätsel. Mit dieser Bauweise konnten Erdbeben sichere Gebäude erstellt werden. Die Zerstörung der Anlage muss deshalb eine andere Ursache gehabt haben.

Auf dem sogenannten Sonnentor wird die Gottheit „Wiraqucha" dargestellt. Nach einer Legende ließ dieser Gott fast alle Menschen um den Titicacasee durch eine Sintflut sterben. Nur zwei Menschen wurden verschont, um eine neue Zivilisation zu ermöglichen.

Bau der Cheops-Pyramide

Die Pyramide von Cheops ist sicher das beeindruckendste Bauwerk, das Menschen je errichtet haben. Der Bau soll erst nach dem Jahr 2509 v. Chr. begonnen haben. Dies wird allerdings von verschiedenen Fachleuten bestritten. Es gibt nämlich auch Hinweise, dass die

Pyramiden vor einer Überflutung gebaut worden sind. Über die Hintergründe zum Bau dieser Pyramide ranken sich viele Geheimnisse und verschiedene Erklärungen über die wirkliche Bedeutung.

Die Frage, wie ein Volk diese Monumente überhaupt hatte bauen können, schien geklärt: Der Grieche Herodot, der Ägypten im 5. Jahrhundert vor Christus bereiste, hatte darauf eine einfache Antwort geliefert. Er schrieb, der tyrannische König habe zehnmal zehntausend Sklaven 20 Jahre schuften lassen, die tonnenschweren Blöcke aus dem Fels zu schneiden. Unter Qualen hätten sie diese zum Bauplatz gezogen und aufgetürmt. [54]

Diese Behauptung erscheint mehr als kühn. Für die Cheops-Pyramide wurden rund 6 Mio. t Kalkstein verbaut, dazu kam das Gewicht der heute nicht mehr vorhandenen Verkleidung. Auch die Idee, die 146 m hohe Pyramide wäre mit Hilfe von Rampen gebaut worden, überzeugt nicht, da sich dann die Baumasse mehr als verdoppelt hätte. Die Präzision, mit der die riesigen Steine bearbeitet worden sind, kann selbst heute nur mit besonderen Maschinen erreicht werden.

Archäologen behaupten ernsthaft, die alten Ägypter hätten diese Ergebnisse mit Bronzewerkzeugen erreicht. Es gibt viele Bücher, die sich mit diesen Widersprüchlichkeiten auseinandersetzen und Erklärungen anbieten, warum die vielen Pyramiden weltweit gebaut worden sind. Mathematische und astronomische Fakten sind dabei noch am besten dokumentiert. Es gibt Hinweise auf die Verwendung der Kreiszahl Pi und die Goldene Zahl Phi. Geometrie und Goldener Schnitt sind möglicherweise älter als der griechische Mathematiker Euklid von Alexandria (ca. 300 v. Chr.), auf den vieles zurückgeführt wird.

Auch die präzise Bearbeitung der riesigen Blöcke kann man vor Ort bestaunen. Gesichert ist, dass es auch darum ging, die Bauten erdbebensicher zu machen. Die vielen Hinweise auf eine maschinelle Bearbeitung passen aber nicht in die Weltsicht der Archäologen und werden weiterhin ignoriert. Das Thema ist hochinteressant. Ich will es aber hier nicht vertiefen, da es sonst den Rahmen dieses Buches sprengen würde.

Seltsame Langschädel auf Paracas

An der Südküste von Peru fand 1928 der Archäologe Julio Tello in der Wüstenhalbinsel Paracas über 300 sogenannte Langschädel. Genetische Untersuchungen ergaben Hinweise auf einen neuen Menschentyp, der sich wahrscheinlich nicht mit dem Homo sapiens hätte vermehren können und mindestens 3000 Jahre alt sein musste. Die „Paracas-Menschen" sollen etwa 1000 v. Chr. in Südamerika aufgetaucht und 100 n. Chr. wieder verschwunden sein. Die Schädel konnten nicht das Ergebnis einer Abbindetechnik gewesen sein, da sie bis zu 60 % schwerer als Homo Sapiens-Schädel sind und nur ein Scheitelbein statt zwei besitzen. [55]

Die Schädelform tauchte auch in Ägypten auf, beispielsweise die Nachbildungen von Köpfen der Töchter Echnatons und Nofretete, insbesondere der Prinzessin Meritaton. [56]

Atacama-Mumie

2003 wurde in der chilenischen Atacama-Wüste ein mumifizierter etwa 15 cm langer Fötus gefunden, der einen großen länglichen

Kopf hatte. Das Erbgut stimmte zu 91 Prozent mit der DNA des Homo sapiens überein. Dies ergab eine 2018 durchgeführte Genanalyse. Man war der Meinung, dass 7 Gene zu dieser Mutation geführt haben könnten. Die Kopfform erinnert an die sogenannten Paracas-Schädel. Die Genforscher wollten damit belegen, dass es sich nicht um eine außerirdische Kreatur gehandelt haben kann.[57] Falls eine außerirdische Rasse den Homo sapiens allerdings vor etwa 60.000 Jahren geschaffen haben sollte, ist die genetische Verwandtschaft leicht zu erklären. Unser Genom ist allerdings auch zu 95 Prozent identisch mit dem von Mäusen und zu 98 Prozent mit dem Genom von Schimpansen. Die Menschen auf der Erde unterscheiden sich nur im Promille-Bereich. Da möglicherweise die ersten Gene über Meteoriten als Viren bzw. Bakterien auf die Erde kamen, kann man davon ausgehen, dass das Leben vielleicht überall im Universum mit dem DNA-Code programmiert ist. Dies würde auch auf außerirdische Lebensformen zutreffen. Dann wäre eine genetische Abweichung von 9 Prozent sehr viel.

Unterirdische Städte in Kappadokien

In der Nähe der türkischen Kleinstadt Derinkuyu hat man in den 60er Jahren eine unterirdisch angelegte Stadt auf einer Fläche von 4 km² mit mindestens 13 Stockwerken gefunden. Dort sollen mal etwa 20.000 Menschen gewohnt haben. Wer diese Einwohner waren, wann und warum sich diese - teilweise bis zu 85 m tief - in den Felsen gruben, ist das große Rätsel. In der unterirdischen Stadt gibt es eine 65 m lange Kirche, große Versammlungsräume und wohl auch Ställe für Tiere. Bis heute hat man etwa 30 unterirdische Städte dieser Art in Kappadokien entdeckt. Weltweit sollen bis zu 500 solcher Städte existieren.[58] Dies würde bedeuten, dass es Zeiten gegeben haben muss, in denen mehrere Millionen Menschen für mehrere Jahre in den Untergrund gegangen sind. Wovor haben diese Menschen Angst gehabt? Über die Gründe wird viel spekuliert. Schriftliche Aufzeichnungen scheint es dazu nicht zu geben.

Bewertung

Dies sind nur ein paar Beispiele von Artefakten aus der menschlichen Frühperiode, die uns zum Denken anregen sollten. Die Archäologie hat mit diesen Fundstücken große Probleme, da diese nicht in ihre Erwartung einer evolutionären Entwicklung des Menschen passt. Es gibt aber hunderte Fakten, die nahelegen, dass es in grauer Vorzeit höher technisierte Gesellschaften gab, die ihr Wissen zum Teil weitergeben konnten, aber möglicherweise durch Naturkatastrophen wie Erdbeben, Meteoriten, Pandemien, Klimawandel oder Polsprung umgekommen sind. Auch der Einfluss von außerirdischen Gruppen darf nicht grundsätzlich ausgeschlossen werden. Wenn wir aus dieser Zeit nur noch Relikte aus Stein oder Edelmetallen finden, ist das nach tausenden von Jahren zu erwarten.

Falls die heutige Menschheit aus ähnlichen Gründen die nächsten Jahrtausende nicht überlebt, würde man wahrscheinlich nur noch Gold-, Silber, Platinobjekte und Kunststoffteile vorfinden. Übrig bleiben auch gravierte Granitsteine von unseren Friedhöfen. Natürlich wird man an verschiedenen Stellen radioaktiven Müll entdecken, falls die Wesen, die nach uns kommen werden, Radioaktivität messen können. Dann wäre es sicher fast unmöglich, dahinter eine

Kultur zu erkennen, die Maschinen, Luftfahrzeuge und Computer besaß. Möglicherweise findet man aber noch Weltraumschrott in der Umlaufbahn der Erde und ein paar Artefakte auf dem Mond und Mars. Damit wird man wohl wenig über die einstige Rolle des Homo sapiens auf der Erde aussagen können.

Dies war nur eine kleine Auswahl von Artefakten aus frühen menschlichen Kulturen. Schon diese Beispiele zeigen, dass unsere Vorstellung von der Geschichte des Homo Sapiens nicht stimmen kann.

Die spirituellen Botschaften

Die alten Schriften der menschlichen Kulturen beschäftigten sich nicht nur mit der Frage nach der Erschaffung der Welt und des Menschen. Man kann sogar sagen, dass der Hauptzweck darin bestand, den nachfolgenden Generationen Erfahrungen und Erkenntnisse zum Sinn des Lebens und einer guten Lebensführung zu hinterlassen.

Im Folgenden gebe ich deshalb einen kleinen Überblick über die verschiedenen Botschaften und Regeln, die noch heute von vielen religiösen Menschen beachtet werden. Ich stelle diese Auswahl nur dar und kommentiere sie nicht. Natürlich darf man sich als „Mensch der Aufklärung" darüber wundern, dass sich viele gläubige Menschen an die alten Überlieferungen halten. Solange sie damit aber keinen Schaden bei ihren Mitmenschen anrichten, sollte man das dahinterstehende Weltbild zumindest respektieren. Wenn man genauer hinschaut, werden wir dort die eine oder andere Regel erkennen, die geeignet ist, das Zusammenleben der Menschen sogar besser zu gestalten, als dies aktuell weltweit geschieht.

Natürlich finden sich in diesen alten Schriften auch viele Regeln, die heute nicht mehr zeitgemäß sind und mit der heutigen Vorstellung von Menschenrechten nicht im Einklang stehen. Es gäbe deshalb viele Gründe, eine Modernisierung der religiösen Texte in Angriff zu nehmen. Die letzte Umschreibung ist mittlerweile 500 Jahre alt (die Luther-Bibel). Die meisten Religionsstifter wollten einen Text für die Ewigkeit hinterlassen und haben eine Art Veränderungs-sperre eingezogen. Ob man sich darüber hinwegsetzen mag, müssen die Religionsgemeinschaften selber entscheiden. Es ist für Gläubige sicher schwer, Texten zu vertrauen, die nicht umgeschrieben werden dürfen, aber ständig von „Gelehrten" uminterpretiert werden. Es ist auch wenig glaubwürdig, wenn man widersprüchliche Texte (wie z.B. das Alte und Neue Testament) unkommentiert hintereinander-stellt. Das hat aber auch Vorteile: Ich kann mir dann die Passagen aussuchen, die gerade zu meinem Lebensabschnitt passen („Auge um Auge" oder „Liebe deinen Nächsten").

Auch der Koran stellt widersprüchliche Glaubenssätze in einem Buch nebeneinander. Die Glaubenssätze des Propheten Moham-med sind sehr unterschiedlich, je nachdem ob sie in Mekka oder Medina verkündet worden sind. Leider werden die 114 Suren aber nicht nach dem historischen Kontext sortiert, sondern nach der Länge.

Harmagedon - Die Prophezeiung

Es gibt nicht wenige Menschen, die die heutige Entwicklung als Vorbote des in der Bibel prophezeiten Untergangs der Menschheit sehen („Armageddon"). Das wäre dann die gerechte Strafe dafür, dass wir vom „wahren Glauben" abgefallen wären. Konkrete global wirkende Gegenmaßnahmen z.B. gegen die Klimakatastrophe könnten wir uns dann sparen. Abzuwenden wäre diese nur durch die Rückkehr zum ursprünglichen Glauben und zu alten religiösen Ritualen.

Der Ausdruck „Schlacht von Harmagedon" bezeichnet den Schluss-kampf zwischen Gott und den Regierungen hier auf der Erde. Diese Regierungen und ihre Anhänger erkennen das Reich Gottes bzw. die Regierung Gottes bis heute nicht an und stellen sich damit gegen Gott (Psalm 2:2). Die Schlacht von Harmagedon soll allen von Menschen gebildeten Regierungen ein Ende machen (Daniel 2:44).

Das Wort „Harmagedon" kommt allerdings nur einmal in der Bibel vor, in Offenbarung 16:16. Dort wird prophetisch davon gespro-chen, dass die „Könige der ganzen bewohnten Erde ... zum Krieg des großen Tages Gottes, des Allmächtigen" versammelt werden, und zwar an dem „Ort, der auf Hebräisch Har-Magedon genannt wird" (Offenbarung 16:14).

Wer wird in der „Schlacht von Harmagedon kämpfen"? Jesus Chris-tus wird eine große Armee im Himmel befehligen und sie zum Sieg gegen Gottes Feinde anführen (Offenbarung 19:11-16, 19-21). Zu diesen Feinden zählen alle, die sich gegen Gott stellen oder die ihn verachten (Hesekiel 39:7).

Wie wird die Schlacht von Harmagedon ablaufen? Man kann nicht genau wissen, wie Gott - wenn er denn existiert - seine Macht ein-setzen wird. Aber ihm steht für diesen Krieg ein Waffenarsenal zur Verfügung, auf das er auch schon in alter Zeit zurückgegriffen hat: Hagel, Erdbeben, sintflutartige Regenfälle, Feuer und Schwefel, Blitze und auch Krankheiten (Hiob 38:22, 23; Hesekiel 38:19, 22; Habakuk 3:10, 11; Sacharja 14:12). Vor lauter Verwirrung werden sich zumindest einige Feinde Gottes auch gegenseitig umbringen. Doch sie werden vor ihrem Tod erkannt haben, dass es Gott war, der gegen sie gekämpft hat (Hesekiel 38:21, 23; Sacharja 14:13).

Ist Harmagedon der Weltuntergang? Harmagedon wird nicht der Untergang unseres Planeten sein, denn die Bibel sagt, dass die Erde für immer das Zuhause der Menschen bleiben wird (Psalm 37:29; 96:10; Prediger 1:4). In der Schlacht von Harmagedon wird auch nicht die Menschheit ausgelöscht. Im Gegenteil: „Eine große Volksmenge" wird überleben - alles Menschen, die Gott dienen (Offenbarung 7:9, 14; Psalm 37:34).

Wenn die Bibel davon spricht, dass „die Welt vergeht", ist mit „Welt" nicht die Erde gemeint, sondern die menschliche Gesellschaft, die sich gegen Gott stellt (1. Johannes 2:15-17). In diesem Sinn wird Harmagedon also „das Ende der Welt" sein - das Ende für gottlose Menschen (Matthäus 24:3, Lutherbibel).

Wann wird die Schlacht von Harmagedon stattfinden? Die Schlacht von Harmagedon wird der Höhepunkt der „großen Drangsal" sein, von der Jesus sprach. Über den Zeitpunkt sagte er: „Von jenem Tag und jener Stunde hat niemand Kenntnis, weder die Engel der Himmel noch der Sohn, sondern nur der Vater" (Matthäus 24:21, 36). Die Bibel macht also keine genaue Zeitangabe.

Das Harmagedon soll so unerwartet über uns hereinbrechen wie die Sintflut zu Noahs Zeiten. Um die Zahl ihrer Anhängerinnen bzw. Anhänger zu erhöhen, sind schon heute viele Glaubensgemeinschaften (nicht nur „Jehovas Zeugen") dazu übergegangen, die vom Menschen verursachten zunehmenden Naturkatastrophen als Zeichen für das bevorstehende „Jüngste Gericht" zu werten, da nur die wirklich Gläubigen überleben werden. Wir können davon ausgehen, dass diese „Propheten des Untergangs" in den heutigen Zeiten ihre

Anhängerschaft erhöhen werden. Wir können auch davon ausgehen, dass sich diese Gruppe der Gläubigen von rationalen Argumenten wenig beeinflussen lassen, solange es noch die prophezeiten Anzeichen in der Natur gibt.

Im Johannes-Evangelium findet sich noch ein Ausblick auf die Zukunft. Einerseits dokumentiert Johannes die Jesus-Worte:

„Ich bin nicht gekommen, dass ich die Welt richte, sondern dass ich die Welt selig mache. "

Andererseits spricht er von der Ankündigung eines „Trösters" durch Jesus:

„Wenn aber der Tröster kommen wird, welchen ich euch senden werde vom Vater, der Geist der Wahrheit, der vom Vater ausgeht, der wird zeugen von mir ... Wenn derselbe kommt, wird er die Welt strafen um die Sünde und um die Gerechtigkeit und um das Gericht: um die Sünde, dass sie nicht glauben an mich".

Es gibt viele Christen, die auch noch nach 2000 Jahren an dieses „Strafgericht" glauben. Die „Vereinigte Kirche Gottes" verkündet darüber hinaus, dass die Menschheit an einen „Abgrund zur Selbstvernichtung" gerät und Gott dann eine Weltregierung installieren werde. Dies soll eine Verwandlung zum Geistigen voraussetzen und uns („zur Zeit der letzten Posaune") danach unsterblich machen.

Dabei beziehen sich viele christliche „Nebenkirchen" auf die Offenbarungen des Johannes, der sieben Plagen beschrieb, die die Menschheit auf den Weg führen sollen: Hagel, Feuer, Vulkanausbrüche, Meteore, Heuschrecken und die Überschwemmung des Euphrat. Dadurch soll die Menschheit stark dezimiert werden. Das hört sich allerdings ein wenig an wie die 7 Plagen in Ägypten und die Geschichte von der Sintflut aus dem Buch Mose des Alten Testaments.

Noch deutlicher wird Johannes selbst: *„Ihre Leichname werden liegen auf der Gasse der großen Stadt, die da heißt geistlich "Sodom und Ägypten".*

Johannes fügt aber noch unverständlich hinzu: *„Ich sah einen neuen Himmel und eine neue Erde; denn der erste Himmel und die erste Erde verging, und das Meer ist nicht mehr. Und ich, Johannes, sah die heilige Stadt, das neue Jerusalem, von Gott aus dem Himmel herabfahren."*

Hier könnte man vieles hineininterpretieren. Mit dieser „Prophezeiung" können wir deshalb genau so wenig anfangen, wie mit den unbestimmten Prophezeiungen eines Nostradamus. Das hindert einige heutige christliche Missionskirchen nicht daran, diese Passagen für ihre aktuelle Überzeugungsarbeit zu nutzen.

Regelwerk der jüdischen Tora

Die Überlieferungen von Moses, die in der Tora niedergeschrieben wurden, enthalten nicht nur die Geschichte des israelischen Volkes und ihre Unterrichtung durch HaSchem. In den Texten sind auch viele Regeln für den Umgang der Menschen untereinander enthalten. Dabei ging es insbesondere um die Umsetzung der vielen Vorschriften Gottes, um ihm Ehre und Respekt zu erweisen.

Die Tora wurde intensiv diskutiert und interpretiert. Daraus entstand der Talmud, ein Werk aus 12 Bänden mit vielen tausend Seiten. Den Kern bildet die Offenbarung Gottes in der Tora („Mischna") ergänzt um die „Gemara", die viele Analysen und Kommentare enthält. Die älteste handschriftliche Abschrift stammt aus dem 11. Jahrhundert und befindet sich in der Münchner Staatsbibliothek. Im Vorwort schrieb der Übersetzer Jakob Frommer 1924:

„Sprache und Sinn sind häufig selbst dem Eingeweihten unverständlich. Die Erklärungen und Auseinandersetzungen verlieren sich ins Uferlose."[59]

Der Talmud sollte die Gläubigen dazu anregen, sich intensiv mit der Heiligen Schrift zu beschäftigen. Durch die vielen Interpretationen sollte die Tora alltagstauglich gemacht werden, ohne den Kern der „Worte Gottes" zu verändern. Das kann man auch mit der weltlichen Welt der Gesetze vergleichen.

Gesetze werden zu einem bestimmten Zeitpunkt von den zuständigen Parlamenten beschlossen. Damit die Abgeordneten nicht überfordert werden, werden die Details der Umsetzung der Verwaltung überlassen, die dann ermächtigt werden, die Ausführungsbestimmungen in Verordnungen und Richtlinien zu konkretisieren. Am Steuerrecht kann man gut erkennen, was daraus werden kann. Selbst Steuerfachleute haben manchmal Schwierigkeiten, den Überblick nicht zu verlieren (siehe den CumEx-Skandal). Der Talmud steht dem nicht nach.

Gläubige Juden, die beispielsweise die vorgeschriebene Sabbatruhe einhalten wollen, müssen sich mit einer riesigen Zahl an Einzelvorschriften beschäftigen (etwa 420 Seiten). Zum Beispiel: Die Geschäfte müssen von Freitagabend bis Samstagabend geschlossen bleiben. Man darf kein Geld in die Hand nehmen und auch nicht über Geschäfte reden. Spaziergänge dürfen nicht über 2000 Ellen (etwa 1000 m) ausgedehnt werden und Rauchen ist nicht gestattet. Man darf keine Gegenstände aus einem privaten Gebiet in ein öffentliches Gebiet tragen und umgekehrt. Dadurch wird es kompliziert, wenn ein Briefträger einen Brief abgeben möchte. Niemand möchte dabei Schuld auf sich laden. In einer Mischna werden neununddreißig (wörtlich: vierzig weniger eins) Arten von Arbeiten aufgezählt, die am Sabbat nicht verrichtet werden dürfen.

Schwierigkeiten entstehen auch bei der Umsetzung der Gebote zum Passahfest, weil man eine Woche lang kein gesäuertes Brot essen darf. Am Versöhnungstag könnte das Problem entstehen, dass die Frau des Hohepriesters stirbt. Da er nicht nur für die Gemeinde, sondern auch für sie (d.h. „sein Haus") beten muss, wird ihm für den Notfall noch eine Ersatzfrau bestimmt.

Mit den Interpretationen und Kommentaren des Talmud kann man sich wahrscheinlich mehrere Jahre intensiv beschäftigen. Möglicherweise wird die Sicherheit zur Umsetzung der Tora nicht unbedingt gesteigert, weil sich die verschiedenen Kommentatoren auch nicht immer einig sind. Für meine Fragestellungen würde es jetzt auch wenig bringen, die vielen Details darzustellen, die von Gläubigen berücksichtigt werden müssen, wenn sie beispielweise das neue Jahr begrüßen, fasten, heiraten oder sich scheiden lassen wollen.

Ich will aber mal an einem Beispiel deutlich machen, warum der

Talmud so kompliziert geworden ist. Nehmen wir die „Trauungsformen". Mit dem Übergang von der biblischen zur talmudischen Zeit hat der Charakter der Ehe eine gründliche Wandlung erfahren. Während der biblischen Zeit wurde die Frau vom Manne unter den gleichen Formen, die beim Kauf eines Gegenstandes üblich waren, erworben: durch eine Geldsumme, einen Kaufvertrag und die Besitzergreifung. [60] Dies sollte modernisiert werden, ohne die Tora in Frage zu stellen. In der talmudischen Zeit wurde die Ehe zum Sakrament erhoben. Ihre Schließung musste unter bestimmten Zeremonien erfolgen. Das Hauptgewicht wurde jetzt auf die beiden ersteren Trauungsformen gelegt, von denen jede einzelne für bindend erklärt wurde. Die Trauungsformen wurden auch nicht mehr ›Kinjanin‹, Erwerbungen, oder ›Likuchin‹, Käufe, sondern ›Kidduschin‹, Heiligungen, genannt, ›weil der Mann die Frau für alle Welt wie ein Geweihtes verboten macht‹. In der nachfolgenden „Gemara" wird das intensiv diskutiert. Irgendwann versteht man nicht mehr, wohin die Diskussion führen soll.

Der Talmud beschäftigt sich mit dem Sinn des Lebens und dem Sinn dieser Interpretationen nur am Rande und eher ungenau. Der Zweck erschließt sich wohl nur den Eingeweihten nach einem langjährigen Studium.

Nach dem Talmud ist der Sinn des Lebens, aus den Taten zu lernen:

„Trachte nicht nach Ruhm noch nach Ehre. Achte mehr auf Tun denn auf Wissen ... Hast du vieles gelernt, so tue dir nichts darauf zugute, denn zum Lernen bist du geschaffen ... Auf drei Dingen steht die Welt: auf der Tora, dem Gottesdienst und der Nächstenliebe".

Es gibt auch eine Reihe von Prinzipien, die man einhalten soll, um das Leben eines Gläubigen zu erleichtern:

„Verdamme niemand, solange du nicht in seiner Lage warst ... Verachte niemand und unterschätze nichts ... Die wertvollsten Dinge werden durch Leiden erworben: die Tora, die Rückkehr der Juden nach Palästina und die jenseitige Belohnung. "

Zur Frage des Freien Willens der Menschen äußert sich der Talmud widersprüchlich:

„Gott kennt zwar die Handlungen, die der Mensch in der Zukunft begehen wird, dennoch urteilt er über den Menschen nur nach der Gegenwart ... Der Schöpfer lenkt ihnen allen das Herz, er merkt auf alle ihre Werke ... Alles ist vorhergesehen, dennoch ist die freie Wahl gegeben ..."

Zur Frage, was uns nach dem Tod erwartet, wird Folgendes ausgeführt:

„Wisse, dass dem Frommen die Belohnung erst jenseits zuteil wird ... Die Seligkeit einer Stunde im Jenseits ist mehr wert als alle Freuden dieses Lebens ... Nach Rabbi Jochanan lässt Gott alle Dinge von Engeln verrichten, nur die folgenden drei vollzieht er selbst: den Regen, die Entbindung, die Wiederbelebung der Toten. " [61]

Ziele und Regeln des Islam

Der Prophet Mohammed bestand darauf, dass ein Moslem bezeugen muss: *„Es gibt keinen Gott außer Allah, und Mohammed ist sein Prophet."* Das Glaubensbekenntnis (Schahada) ist eine der „Fünf

Säulen des Islam". Die vier anderen Säulen sind Rituelles Gebet (Salat), Almosensteuer (Zakat), Fasten (Saum) und Pilgerfahrt (Hadsch).[62]

Das Regelwerk des Koran soll die Gläubigen offenbar nicht überfordern: *„Er hat euch erwählt und hat euch in der Religion nichts Schweres auferlegt"* (22-77). Dies gilt sicher auch als Abgrenzung zu den detaillierten Regeln der Tora. Mehr als die Hälfte des Korans handelt aber davon, wie Ungläubige behandelt werden sollen.

Die wichtigsten Regeln, die für einen gläubigen Muslim nach dem Koran gelten:

Glaube:

„Gottesfürchtig sind die, die an den Propheten, die Schrift, die Engel und den Jüngsten Tag glauben" (Sure 2-172). *„Was immer Gutes dir widerfährt, ist von Allah, und was immer Böses dir widerfährt, ist von dir selber."* (Sure 4-81)

Beten:

„Wenn ihr hintretet zum Gebet, so waschet euer Gesicht und eure Hände bis zu den Ellbogen und wischet eure Häupter und eure Füße bis zu den Knöcheln ab." (Sure 5-8). *„Und verrichte das Gebet an den beiden Tagesenden und in der ersten Wache der Nacht"* (Sure 11-116). *„Lobpreise deinen Herrn zur Zeit, da du aufstehst und zur Nacht preise ihn und beim Erblassen der Sterne."* (53-48)

Pilgerfahrt:

"Gemacht hat Allah die Kaaba, das heilige Haus, zu einem Asyl für die Menschen und den heiligen Monat und das Opfer und die Zieraten (des

Opfers)" (Sure 5-98).

Nahrung:

"Verwehrt hat er euch nur Krepiertes und Blut und Schweinefleisch" *(Sure 2-173)... "und das, worüber (beim Schlachten) ein andrer als Allah angerufen ward" (Sure 16-116).*

Ramadan:

Das Fasten soll an den Monat erinnern, in dem der Koran herabgesandt wurde, um die Menschen zu leiten.

Ehefrauen:

Das Mindestalter für Ehefrauen liegt bei 9 Jahren, weil auch Mohammed nach seiner Ankunft in Medina die damals 9-jährige Aisha heiratete. Ein Muslim kann bis zu 4 Frauen haben (Mohammed soll sogar 11 Ehefrauen gehabt haben). Empfängnisverhütung wird abgelehnt. Eine Scheidung ist zweimal möglich. Die Trennung soll in Güte erfolgen (65-2).

Verschleierung der Frauen:

"Sprich zu den gläubigen Frauen, dass sie ihre Blicke niederschlagen und ihre Scham hüten und dass sie nicht ihre Reize zur Schau tragen, es sei denn, was außen ist, und dass sie ihren Schleier über ihren Busen schlagen und ihre Reize nur ihren Ehegatten zeigen" (24-31). "Und diejenigen, welche niemand zur Ehe finden, mögen keusch leben, bis Allah sie aus seinem Überfluss reich macht" (24-33).

Almosen:

"Siehe, diejenigen, welche Almosen geben, Männer und Frauen, und

die Allah ein schönes Darlehen leihen, verdoppeln wird er es ihnen, und ihnen wird edler Lohn" (57-17). „*Der Almosen gibt und Allah fürchtet und an das Schönste glaubt, dem machen wir's leicht zum Heil." (92-5).*

Gerechtigkeit:

„*Tuet nicht Unrecht, auf das ihr nicht Unrecht erleidet"* (2-279). Das Verkaufen ist erlaubt, der Wucher aber verwehrt. „*Begeht nicht Selbstmord" (4-33).* „*Ein Gläubiger darf keinen Gläubigen töten, es sei denn aus Versehen"* (4-94). „*Und der Dieb und die Diebin, schneidet ihnen ihre Hände ab als Lohn für ihre Taten." (5-42).* „*So ihr euch rächen wollt, so rächt euch in gleichem Maße, als euch Böses zugefügt ward "* (16-127).

Dschihad:

Das Ziel ist die Ausweitung des Islam mit allen Mitteln. Dschihad ist jede Strategie, die den Islam voranbringt oder/und die Ungläubigen schwächt. Dabei geht es nicht zuerst um den Einsatz von materiellen Waffen („Heiliger Krieg") sondern auch um psychologische Techniken und den Einsatz finanzieller Mittel. Beliebte Strategien sind: „Spiele immer das Opfer", „Wiederhole deine Meinung immer wieder" und „Täusche die Ungläubigen, wo immer möglich". [63] „*Und kämpfet wider sie, bis kein Bürgerkrieg mehr ist und bis alles an Allah glaubt"* (Sure 8-40). „*Viele Städte, die sündig waren, zerstörten wir von Grund aus und erweckten nach ihnen ein ander Volk!" (21-11).*

Jenseits:

„*Das irdische Leben ist nur ein Spiel und ein Scherz; und wahrlich, das jenseitige Haus ist besser für die Gottesfürchtigen"* (6-32). *"Was aber die Glückseligen anlangt, so sollen sie ins Paradies kommen und ewig darinnen verweilen, solange die Himmel und Erde dauern"* (11-110). *"Sie freuen sich des irdischen Lebens, doch ist das irdische Leben im Vergleich zum Jenseits nur ein Nießbrauch"* (13-26). *"Für die Gläubigen sind Edens Gärten, durcheilt von Bächen. Geschmückt werden sie darinnen mit Armspangen von Gold und gekleidet in grüne Kleider von Seide und Brokat, sich lehnend darinnen auf Diwanen. Ein herrlicher Lohn und eine schöne Ruhestätte!"* (18-30). *"Kreisen werden unter ihnen Schüsseln und Becher von Gold, enthaltend, was die Seelen ersehnen und die Augen ergötzt."* (44-71). *"Wer für das Jenseits säen will, dem wollen wir seine Saat mehren, und wer für die Welt säen will, dem geben wir von ihr, doch soll er am Jenseits keinen Anteil haben"* (42-19). *"Und die Runde machen bei ihnen unsterbliche Knaben; sähest du sie, du hieltest sie für zerstreute Perlen"* (77-19).

Privilegien des Propheten:

"O Prophet, wir erlauben dir deine Gattinnen, denen du ihre Mitgift gabst, und (die Sklavinnen,) die deine Rechte besitzt von dem, was dir Allah an Beute gab, und die Töchter deines Oheims und deiner Tanten väterlicherseits sowie die Töchter deines Oheims und deiner Tanten mütterlicherseits, die mit dir auswanderten, und jede gläubige Frau, wenn sie sich dem Propheten schenkt, so der Prophet sie zu heiraten begehrt: ein besonderes Privileg für dich vor den Gläubigen." (33-49).

Eigentlich dürfen geschiedene Frauen wieder heiraten. Dies galt aber nicht für die Frauen Mohammads:

"Es geziemt euch nicht, dem Gesandten Allahs Verdruss zu bereiten noch

nach ihm je seine Gattinnen zu heiraten" (33-53).

Jesus Christus:

„Jesus ist vor Allah gleich Adam; er erschuf ihn aus Erde" (3-52). *" Mohammed ist nur ein Gesandter; schon vor ihm gingen die Gesandten dahin."* (3-150).

Kritik der christlichen Kirche:

„Wir ließen Jesus, den Sohn der Maria, folgen und gaben ihm das Evangelium und legten in die Herzen derer, die ihm folgten, Güte und Barmherzigkeit. Das Mönchtum jedoch erfanden sie selber." (57-27).

Sinn des Lebens:

"Jede Seele schmeckt den Tod, und auf die Probe wollen wir euch stellen mit Bösem und Gutem, und zu uns kehrt ihr zurück." (21-36). ... *„Dieses irdische Leben ist nichts als ein Zeitvertreib und ein Spiel, und siehe, die jenseitige Wohnung ist wahrlich das Leben."* (30-64). *„Wahrlich, wir erschufen den Menschen zum Kummer"* (90-4).

Wiedergeburt:

„Allah nimmt die Seelen zu sich zur Zeit ihres Todes, und diejenigen, welche nicht sterben, in ihrem Schlaf. Und diejenigen, über die er den Tod verhängt hat, behält er zurück, und sendet die andern zurück bis zu einem bestimmten Termin. Siehe, hierin sind wahrlich Zeichen für nachdenkende Leute." (39-43).

Botschaften der Bhagavadgita

Geburt und Tod:

"Alle Wesen existieren nur vorübergehend. Vor der Geburt sind sie un-manifestiert. Bei der Geburt nehmen sie dann eine manifestierte Form an. Und bei ihrem Ende werden sie wieder unmanifestiert." [64]

Bewertungen:

"Löse dich davon, immer alles bewerten und beurteilen zu wollen. Mach dich los von deinem Verhaltensmuster, die Dinge als gut oder schlecht, liebenswert oder hassenswert, angenehm oder unangenehm und so weiter anzusehen." [65]

Sinn der Welt:

"Warum setzte ich, der Schöpfer, dies in Bewegung? Weil diese Welt ein Lernfeld ist, ein Ort zur Erziehung, Ausbildung und Erhöhung aller Wesen." [66]

Handeln:

"Das Richtige nicht zu tun, wenn es erforderlich ist, das ist schlimmer, als das Falsche zu tun ... Das Ideal besteht darin, intensiv tätig zu sein und gleichzeitig keine egoistischen Beweggründe zu haben, keine Ge-danken an persönlichen Gewinn oder Verlust." [67]

Botschaften der Upanishaden

Freude:

„Es gibt keine Freude im Endlichen; Freude gibt es nur im Unendlichen." [68]

Bewusstsein:

„Der Mensch hat zwei Bewusstseinszustände: einen in dieser Welt, den anderen in der nächsten. Aber es gibt einen dritten, dazwischenliegenden, der Welt der Träume nicht unähnlichen Bewusstseinszustand, in dem wir beider Welten, mit ihren jeweiligen Kümmernissen und Freuden, gewahr sind." [69]

Wiedergeburt:

„Wenn der Körper durch Alter oder Krankheit schwach wird, trennt sich das Selbst und kehrt auf die Art zurück, wie sie kam, um ein weiteres Leben zu beginnen." [70] *... „Das Selbst nimmt einen Körper an, mit Wünschen, Anhaftungen und Täuschungen. Das Selbst wird wieder und wieder in neuen Körpern geboren".* [71]

Wahrnehmung der Zeit:

„Was wir die Vergangenheit, die Gegenwart und die Zukunft nennen, ist jeweils nur eine bestimmte Weise, wie das menschliche Bewusstsein sich auf die Phänomene ausrichtet, nämlich in Form der Erinnerung, des Gewahrseins und der Erwartung." [72]

Das Wesen des Menschen:

„Der Mensch kann das Innere mit dem Äußeren vervollständigen". [73] *... Ein Mensch ist, was sein tiefes Begehren ist. Unser tiefes Begehren in diesem Leben ist es, wodurch das kommende Leben gestaltet wird."* [74]

Das „Buch der Wandlungen" (I Ging)

Ich kenne bislang nur ein Modell, mit dem versucht wurde, das menschliche Verhalten zwischen den Außenreizen und den Impulsen aus dem Innern zu beschreiben: Das I-Ging. [75]

Das uralte „Buch der Wandlungen", das etwa 1000 v. Chr. in China entstanden sein soll, hat ein in sich geschlossenes System vorgestellt. Vollständige und mathematisch begründete philosophische Systeme erzeugen eine besondere Faszination: Das I-Ging mit seinen 64 Hexagrammen soll 5000 Jahre alt sein und auf den chinesischen Gelehrten Fu-Hsi zurückgehen. Die Kommentare sind allerdings 2000 Jahre jünger und werden dem König Wên zugeschrieben.

Grundlage des Werks ist eine Weltanschauung, die die Polarität der Dinge (Ying und Yang) immer als Einheit sieht, die ständigen Wandlungen unterworfen ist. Deshalb ist das I-Ging (sprich: i-dsching) auch als das „Buch der Wandlungen" in die Geschichte eingegangen.

Das Buch verblüfft erst einmal durch seine moderne mathematische Struktur. Auf den ersten Blick hat man den Eindruck, dass hier ein digitales System zu Grunde gelegt wurde. Die 6 übereinander liegenden Striche können jeweils geschlossen oder offen sein. In die heutige Welt übersetzt, kann man auch 0 oder 1 dazu schreiben.

Das Symbol für „Schöpferische Kraft" (Khien) besteht z. B. aus 6 geschlossenen Linien, heute würde man dies als Reihe von Einsen darstellen: 111111. Das polare Symbol für „Maßvolle Energie" (K'un) wäre dann mit 6 Nullen darstellbar. Das „Erwachen" (Fû) hat unten eine durchgezogene Linie und wäre im Digitalcode als 000001 darzustellen usw. Mit 6 digitalen Stellen kann man alle Zahlen bis 64 darstellen (lernt man heute in der Schule).

Wenn man sich mit dem I-Ging näher beschäftigt, stellt man aber fest, dass hier nicht nur mit 2 Zuständen sondern 4 Zustandsformen gearbeitet wird. Es gibt nämlich nicht nur das ruhende Yin (- -) und Yang (---) sondern jeweils auch die bewegten Formen.

Der Arzt Dr. Martin Schönberger hat deshalb einen Zusammenhang mit dem genetischen Code gesehen, der auf der paarweisen Aneinanderreihung von 4 Basen (Adenin, Thymin, Cytosin, Guanin) beruht.[76] Das I-Ging kennt genauso wie der genetische Code die 3er-Gruppierung in „Triplets", die dann die Aminosäuren ergeben. Mit 4 Buchstaben kann man aber 64 verschiedene Triplets herstellen.

Ist das nur Zufall? Kaum zu glauben! Heute wird das I-Ging hauptsächlich als eine Art Orakel zur Lebensplanung genutzt. Ich selbst habe bei der Anwendung trotz der etwas gewöhnungsbedürftigen Sprache (z. B. „Ein Mädchen nehmen bringt Heil") viele interessante Hinweise bekommen. Ich habe das I-Ging häufig zum Orakeln genutzt und dabei die Übersetzung des Theologen Richard Wilhelm verwendet. Dieser hat bei seinen Studien den Eindruck gewonnen, dass sich hinter dem I-Ging eine Art „Weltformel" verbirgt.

Ursprünglich war das I-Ging eventuell nicht dafür gedacht, den Menschen lebensberatend zur Seite zu stehen. Das I-Ging versucht, die Spannung zwischen zwei Situationen zu beschreiben, von denen die zweite aus der Verwandlung der ersten hervorgeht. Indem die Gegenwart aufgezeigt wird, werden gleichzeitig durch Interpretation der „Geneigtheit" Aussagen für die Zukunft gemacht.

Die Bilder des I-Ging sind Vorbilder für Handlungen in den durch sie angedeuteten Situationen. Gleichzeitig werden diese Handlungen beurteilt und die möglichen Folgen einer Entscheidung beschrieben. Es wird aber nie eine Entscheidung oder Folge als zwangsläufig hingestellt, sondern der Grundsatz befolgt, dass *„der Mensch es in der Hand hat, sein Schicksal zu gestalten, je nachdem er sich durch sein Benehmen dem Einfluss der segnenden oder zerstörenden Kräfte aussetzt"* (Nr. 15 - Die Bescheidenheit).

Der Sinn des I-Ging liegt also darin, die verschiedenen komplementären Kräfte zu beschreiben, die einen Menschen in einer bestimmten Situation beherrschen und einen moralisch-philosophischen Rat zu geben, ob und wie eine Situation durch bestimmte Handlungen verändert werden soll. Das Ziel jeder Entscheidung soll sein, mit der Natur und dem letzten SINN (Tao) in Einklang zu kommen.

Dieses Ziel ist es wahrscheinlich, was gerade heute viele Menschen veranlasst, sich mit dem I-Ging zu beschäftigen. Das Buch der Wandlungen macht Mut, sich und die Welt zu verändern. Dieser Mut ist es aber, von dem die heutige Welt zu wenig besitzt.

Die Botschaft dieses Werkes ist das Wandeln in den 64 Zuständen und die gleichzeitige Einheit. Jede darin beschriebene Situation bedeutet eine besondere Herausforderung. Dabei geht es nicht nur darum, den jeweiligen Bewegungszustand treffend zu beschreiben, sondern hauptsächlich darum, die nächsten Bewegungsmöglichkeiten ins Blickfeld zu nehmen und vorzubereiten.

Zum Thema „Sinn des Lebens" kann das „Buch der Wandlungen" einiges beitragen. Es zeigt, dass jedes Verhalten auch Elemente enthält, die der Transformation dienen. Die Krise bereitet immer auch etwas Neues vor.

Dabei liegt das Wesen des Lebens in der Entwicklung der Widersprüche und der ständigen Wandlung der Zustände. Das I-Ging verschafft uns einen Gesamtüberblick über die vielen möglichen Stationen des Lebens. Damit können wir die Vielfältigkeit der Lebenssituationen erkennen und besondere durch Zufälle verbundene Ursache-Wirkungs-Ketten beschreiben.

Wir dürfen uns dabei nur nicht von der alten Sprache zur sehr in die Irre leiten lassen. Manchmal ist es besser, die mit den Zeichen verbundenen Bilder zu visualisieren und meditativ in sich aufzunehmen. Intuitiv verstehen wir das Gemeinte eher. Das Ganze hat aber keinen echten Anfang und auch kein richtiges Ende.

Der Sinn des Lebens könnte nach dem I-Ging darin gesehen werden, alle 64 Zustände und die möglichen Übergangswege zu erfahren. Da wird aber ein Leben nicht reichen.

Gibt es einen Bibel-Code?

1997 war ein weltweiter Wirbel um ein Enthüllungsbuch mit dem Titel "Der Bibel-Code" ausgebrochen, das in kürzester Zeit die Spitzenpositionen der Bestsellerlisten in aller Welt belegte. Basierend auf den Arbeiten eines jüdischen Professors für Mathematik behauptete der Autor Michael Drosnin, dass man mit dem Computer in der "Originalversion der hebräischen Bibel" - also in der "Urbibel" - einen bisher geheimen Code entschlüsselt haben will, der u. a. den Golfkrieg von 1991 und das Attentat auf den 1995 ermordeten israelischen Premierminister Jitzhak Rabin vorhersagen würde.

Gibt es wirklich in der Bibel aufgefundene Codes, die tagespolitische Ereignisse enthüllen, die Jahrtausende nach der Niederschrift der Bibel exakt eintreten? Ist der Bibel-Code vielleicht ein Gottesbeweis der ganz besonderen Art?

Für die Suche nach Geheimcodes in der hebräischen Bibel muss man allerdings einen über Jahrhunderte unveränderten buchstabengleichen Text voraussetzen können. Hier haben die Bibelcode-Befürworter ein Problem, dass mit der Erforschung der Qumran-Rollen zusammenhängt.

1947 entdeckte ein Beduine in einer Höhle nahe beim Toten Meer uralte Schriftrollen aus der Antike, die heute weltberühmten Qumran-Rollen. Dieser archäologische Jahrtausendfund ermöglichte es, den Bibel-Code zu widerlegen, da sich unter den Qumran-Texten die ältesten Bibelhandschriften der Welt befinden. So wurde z. B. eine komplette Abschrift des Jesaja-Buches auf Hebräisch aus dem 2. Jahrhundert v. Chr. entdeckt.

Ein Vergleich dieser Jesaja-Rolle mit den bisher bekannten mittelalterlichen Handschriften ergab, dass der Text ganz hervorragend überliefert worden ist. Die Botschaft der antiken Jesaja-Handschrift ist dieselbe, wie in unseren modernen Bibelausgaben. Es gibt allerdings Differenzen in der Schreibweise, manchmal ein Vertauschen von Wörtern, einen hinzugefügten oder weggelassenen Satz.

Die Rolle ist 7,34 m lang und hervorragend erhalten. Natürlich ist diese Jesaja-Rolle nicht die Originalschrift des Prophetenbuches. Der Text dieser Rolle steht aber um über 1000 Jahre der Originalschrift zeitlich näher als die mittelalterlichen Abschriften, die auch zur Grundlage des Nachweises eines Bibelcodes benutzt worden sind.

Schon im Altertum hatte ein Korrektor den Text sehr gründlich überprüft. Es finden sich zahlreiche Verbesserungen einzelner Buchstaben und Wörter bis hin zu ganzen Sätzen. Rund 6000 Textunterschiede ergaben die Untersuchungen. Davon sind rund 4500 Abweichungen rein orthografischer Natur. Da im Hebräischen nur die Konsonanten geschrieben werden, wurden einige Konsonanten auch als "Hilfsvokale" benutzt, so z. B. das "w" um ein "u" oder "o" anzudeuten. Die Jesaja-Rolle ist geradezu überhäuft mit dem Gebrauch dieser Hilfsvokale und zeigt, dass der Text der Antike nicht Buchstabe für Buchstabe identisch ist mit dem später überlieferten mittelalterlichen Bibeltext. Eine Erkenntnis, die alle Theorien über geheime, versteckte Botschaften in der Bibel zusammenbrechen lässt.

Drosnin hatte sich auf Untersuchungen des israelischen Mathematikers Elijahu Rips bezogen, der bereits 1994 in der Fachzeitschrift "Statistical Science" die These aufgestellt hatte, im Text des Alten Testaments seien auffällig viele Wörter codiert. Die Verschlüsselung lässt sich entziffern, wenn man den Text fortlaufend, ohne Wort-zwischenräume und Satzzeichen hinschreibt und dann nur jeden 2., 3. oder auch 1456. Buchstaben auswählt. Die Lettern lassen sich dann wie eine Art Kreuzworträtsel anordnen, in dessen Zeilen, Spalten oder Diagonalen bisweilen Wörter zu entziffern sind - "Apollo" und "Raumschiff", "Kobe" und "Erdbeben", "Kennedy" und "Dallas".

Dass in den 304 805 hebräischen Schriftzeichen der Tora tatsächlich alle zukünftigen Ereignisse vorhergesagt sein sollten, ist eine für westliche Geister doch eher abstruse These. Drosnin hatte der Zeit-schrift Newsweek dann Folgendes gesagt: "Wenn meine Kritiker eine verschlüsselte Nachricht über die Ermordung eines Premierministers in dem Roman Moby Dick finden, glaube ich ihnen."

Der australische Mathematiker Brendan McKay machte sich darauf-hin ans Werk und behandelte den englischen Text von "Moby Dick" nach der gleichen Methode, die Drosnin angewandt hatte. Dabei ist zu bemerken, dass es im Hebräischen keine Vokale gibt. Das bedeutet, dass dort die Silben mehrdeutig sind und außerdem die Wörter kürzer - auf diese Weise sind die Chancen, auf sinnvolle Codierungen zu stoßen, ungleich größer als im Englischen oder Deutschen.

Trotzdem fand McKay gleich mehrere Prophezeiungen in Melvilles Roman: Die Morde an Indira Gandhi, Leo Trotzki, Martin Luther King und John F. Kennedy ließen sich offenbar durch geschicktes Arrangement der Buchstaben aus dem Text herauslesen. Auch Rabins Tod und der tragische Unfall von Lady Di kündigten sich nach dieser Methode in dem Roman an. Nicht ohne eine Portion schwarzen Humors enthüllt McKay schließlich die Umstände des Ablebens von Autor Michael Drosnin: In unmittelbarer Nachbarschaft finden sich die Begriffe "MDrosnin", "nail", "killed". Und das nahestehende Wort "liar" (Lügner).

Der Bibel-Code ist also ein Mythos. Er sollte als Beweis dafür dienen, dass das Schicksal aller Menschen festgelegt ist.

Palmblattbibliothek

Es gibt aber auch noch andere Methoden, die vielleicht belegen, dass unser Leben vorbestimmt ist. Vor rund 7000 Jahren sollen einige Erleuchtete in Indien (die sagenhaften Rishis) eine riesige Bibliothek über die Lebensläufe und Wiedergeburten von Menschen angelegt haben. Diese Informationen hätten sie aus der sogenannten Akasha-Chronik erhalten, die alle Aufzeichnungen über die Vergangenheit, Gegenwart und Zukunft enthalten soll. Nachdem Johannes von Buttlar 1977 in seinem Buch „Zeitsprung" darüber euphorisch berichtete, sind seitdem viele Menschen zu diesen Palmblattbibliotheken gepilgert, um sich ihr Leben vorlesen zu lassen. Mittlerweile gibt es mindestens 20 „Bibliotheken", die gut daran verdienen.

Ich habe mindestens ein dutzend Erfahrungsberichte dazu gelesen. Man könnte denken, dass die Berichte nur eine exotisch gewürzte Mischung aus Astrologie, Lebensberatung und Hokuspokus sind. Etwas Vergleichbares konnte man sich bei uns manchmal auf den Jahrmärkten aus Tarot-Karten vorlesen lassen. Dann allerdings nicht mit einem 5000 Jahre altem spirituellen Hintergrund. Lebensweisheiten werden auch da geboten und meistens ist man mit 20 Euro schon dabei. Bei der Palmblattbibliothek in Colombo auf Sri Lanka beispielsweise muss man hingegen mit Kosten von 200 Euro rechnen, wenn man sich alle Kapitel vorlesen lässt. Ein Teil der Kosten ließe sich sicher auch damit begründen, dass die Palmblätter etwa alle 800 Jahre neu abgeschrieben werden müssen, bevor sie zerfallen sind. Die Palmblätter enthalten poetische Sätze auf Alttamilisch und müssen natürlich übersetzt und interpretiert werden.

Angeblich sollen in diesen Palmblattbibliotheken das gesamte Leben von etwa 80.000 Menschen, die irgendwann einmal diese Bibliotheken besuchen werden, dokumentiert sein. Das kann man eigentlich nicht glauben, denn dann wäre unser Leben ja schicksalhaft vorbestimmt und wir hätten keinen freien Willen. Die Uni Heidelberg soll eine Altersbestimmung eines heutigen Palmblattes vorgenommen haben und kam auf ein Alter von rund 500 Jahren.[77] Heike Hoffmann aus Graz hat sich auch „ihr" Palmblatt mitgenommen und beim Kernforschungszentrum Rossendorf 1995 untersuchen lassen. Dieses Palmblatt war 350 Jahre alt.[78] Könnte da doch etwas dran sein?

Das Lehrer-Ehepaar Unterhuber hat 2020 ein Buch über ihre monatelange Reise u.a. auch zu einer Palmblattbibliothek in Kanchipuram veröffentlicht.[79] Der sogenannte „Nadi-Reader" kannte viele Details aus ihrem Leben und soll sogar die Zeitpunkte des Todes dieser beiden mitgeteilt haben. Der Blick in die Zukunft enthält aber offenbar nur Prognosen mit der höchsten Wahrscheinlichkeit:

„Wie sagte der Palmblattleser in Kanchipuram: nicht alle Vorhersagen

müssten genauso eintreffen, da zwar sehr vieles vorherbestimmt sei, aber wegen des freien Willens auch immer wieder Änderungen eintreten könnten. " [80]

Auch Antonia Katharina Tessnow hat ein Buch über ihre sehr persönlichen Erfahrungen mit einer Palmblattbibliothek veröffentlicht.[81] Der Nadi-Reader hat die in Sanskrit verfassten Aufzeichnungen „gesungen". Diese wurden dann in Englisch übersetzt. Antonia Katharina Tessnow war nicht nur überrascht über die Details und die Vorhersagen:

„Ihre Beschreibung ist besser auf den Punkt gebracht, als alle meine eigenen Erklärungsversuche zusammen. Sie wissen genau, wie es mir geht. Sie wissen, wie es um mich steht. Sie erzählen mir meine tiefsten, innersten Gefühle, die ich bis dahin noch mit niemandem geteilt habe. "
[82]

Annett Friedrich hat sogar 6 von den 12 existierenden Palmblattbibliotheken in Indien besucht und sich ihre Geschichte und Zukunft vorlesen lassen und „ausgesprochen exakte Voraussagen" erhalten.[83] Mittlerweile soll es auch Online-Bibliotheken geben. Diese scheinen aber eher wie ein Horoskop zu funktionieren und dienen dem Lebensunterhalt einiger findiger Online-Unternehmer.

Ob man die Palmblattbibliotheken in Indien als Beleg für eine Akasha-Chronik sehen kann, will und kann ich hier nicht bewerten. Die Quantenphysik hat allerdings in der Beschreibung des Nullenergie- bzw. Vakuumfeldes die Möglichkeit einer zeitlosen Dimension angedeutet. Wenn unser Bewusstsein Zugang zu dieser Dimension hätte, dann wären vielleicht auch Aussagen im Sinne der

Palmblatt-Bibliotheken möglich.

Die Qumran-Schriftrollen

1948 wurden östlich von Jerusalem in den Ruinen einer Siedlung einer urchristlichen Glaubensgemeinschaft sehr alte Dokumente in Qumran gefunden, die teilweise die späteren Schriften des Neuen Testaments infrage stellen. Insgesamt ca. 800 Schriftrollen wurden in den dortigen Höhlen entdeckt. Man geht davon aus, dass die Urchristen diese Texte vor dem Jahre 68 n. Chr. vor den Römern versteckt haben, bevor diese die rebellierenden Städte zerstörten.

Die Qumran-Rollen sind in mehreren Jahrzehnten von katholischen Gelehrten um den Pater Roland de Vaux entziffert und veröffentlicht worden. Erst als der Direktor der kalifornischen Huntington-Bibliothek in den 80er Jahren Mikrofilme von den Rollen veröffentlichte, hörte die Geheimniskrämerei auf und auch nicht autorisierte Forscher konnten sich mit den Inhalten beschäftigen. Das Ergebnis dieser Forschungen dürfte die evangelische und katholische Kirche nicht freuen: Für die Existenz eines „Sohn Gottes", der sich aufgeopfert haben soll, gibt es keinen historischen Beleg.

Die Qumran-Dokumente belegen aber einen Glaubenskampf zwischen den Urchristen wie Jakobus, der als „Lehrer der Gerechtigkeit" verehrt wurde, und den abtrünnigen Priestern wie Paulus und Ananas, die vom Römischen Reich unterstützt worden sind. Jesus wird in den Texten nicht erwähnt.

Franz Alt hat in seinem Bestseller „Jesus – der erste neue Mann" behauptet, Jesus hätte die Kreuzigung überlebt und wäre im Himalaja in der Stadt Srinagar gestorben. Auch eine schöne Geschichte.

Jesus scheint nicht der wahre Schöpfer des Christentums zu sein, sondern wahrscheinlich nur eine Legende. Tatsache ist: Wenn es die Legende des Gottessohns nicht gegeben hätte (angeblich hat Paulus diese Version erfunden), wäre die Christengemeinde wahrscheinlich längst ausgestorben. Auch die später gefundenen „Beweise" für die Existenz Jesu haben sich als Legenden entpuppt: Das „Turiner Grabtuch" und der Sperr, mit dem ein römischer Soldat getestet haben soll, ob Jesus tot ist. Diese Reliquien werden aber trotzdem weiter verehrt und zur Schau gestellt.

Auch wenn die Person Jesus historisch nicht genau zu belegen ist, dann gibt es vielleicht aber doch eine klare Botschaft. Bibelforschern ist nämlich aufgefallen, dass Matthäus und Lukas mehrere gleichlautende Zitate von Jesus verwendet haben. Hier schloss man dann auf die mysteriöse „Quelle Q", einem authentischen Text von einfachen Basisaussagen, von dem vielleicht beide abgeschrieben haben. Der Bibelforscher Burton Mack hat diese Grundaussagen herausgearbeitet. Danach lassen sich die Vorstellungen des Predigers Jesus auf folgende Kernsätze reduzieren:

- Liebe deinen Nächsten wie dich selbst.
- Liebe deine Feinde.
- Selig sind die Hungrigen.
- Verschenke deinen Besitz aus Mildtätigkeit.
- Gib jedem, der fragt.
- Wer sich selbst erhöht, wird erniedrigt werden.

Dies wäre aber eher dem Gedankengut eines armen Wanderpredigers zuzuordnen, der Elemente aus der Kyniker-Schule des Diogenes entliehen hat. Diogenes hatte die Geisteshaltung der Selbstgenügsamkeit schon um 350 v. Chr. entwickelt und salonfähig gemacht. Eine der berühmten Kyniker-Schulen existierte zu Zeiten von Jesus Christus in Gadara etwa 40 km westlich von Nazaret entfernt. Vielleicht hat Jesus da seine ursprünglichen Ideen aufgenommen. Mit den wahren Urchristen hätte er dann aber nichts zu tun gehabt. Das Alte Testament hat er eventuell gar nicht gekannt.

Hier zeigt sich, dass das Christentum ein Legitimationsproblem hat. Vor diesem Hintergrund sind die klassischen Streitpunkte zwischen der katholischen und protestantischen Kirche (Abendmahl, Papst, Zölibat, Frauenordination) eigentlich eher marginal. Diese Kirchen müssten sich jetzt eigentlich neu erfinden, da der Glaube an Christus als Sohn Gottes und Erlöser der Menschheit heute als Legendenbildung beschrieben werden muss.

In den Schriftrollen, die in Qumran gefunden wurden, wird zwar ein „Lehrer der Gerechtigkeit" erwähnt, der die Gläubigen in einer Art „Endgericht" retten werde, aber wer damit gemeint sein könnte, bleibt unklar. In den Schriften vom Toten Meer finden sich auch keine Fragmente des Neuen Testaments. Erst recht kein Hinweis auf einen „Sohn Gottes".

Als die Evangelien (übersetzt als „Gute Nachrichten") entstanden, gab es noch keine zusammenhängende kirchliche Organisation, sondern nur einzelne örtliche christliche Gemeinden, die sich ab 66 n. Chr. wie die Juden gegen die römische Besatzungsmacht zur Wehr gesetzt haben. Beide Religionsgemeinschaften lehnten es ab, den römischen Kaiser als Gott zu verehren. In dieser schwierigen Situation hat sich „Johannes Markus" aufgemacht, einige mündliche Überlieferungen über Geschichten und Botschaften des gekreuzigten Jesus in griechischer Sprache aufzuschreiben. Matthäus hat diese Darstellung als Vorlage für sein eigenes „Evangelium" genutzt. Es soll auch eine anonyme Sammlung von Geschichten, Weisheiten und Sprüchen des Jesus gegeben haben („Logienquelle" genannt), die auch als Materialsammlung für die Evangelisten gedient haben mag. Auch Lukas hat sich wohl an dieser Quelle und an Markus orientiert. Das „Johannes-Evangelium" ist dann wohl erst um das Jahr 100 n. Chr. entstanden. Auch hier ist nicht klar, welche Person oder Personen hinter dem Werk gestanden haben.[84]

Diese vier Versionen vom Leben und Wirken Jesu sind nicht widerspruchsfrei. Sie wurden aber anscheinend trotzdem in den Textkanon der frühchristlichen Kirche aufgenommen, weil sie unterschiedliche Adressaten erreichen konnten.

Ein wichtiger Beleg für die historische Rolle des Jesus Christus sind die Briefe des Paulus an die Thessalonicher (siehe Luther-Bibel), die 20 Jahre nach der Kreuzigung Jesu (7. April 30) verfasst worden sein sollen.

Als Saulus gehörte der spätere Apostel Paulus zur jüdischen Glaubensgemeinschaft der Pharisäer und verfolgte die neue Sekte „die Jünger Jesu", um sie zu zerstören. Er soll dann ein „Erweckungserlebnis" gehabt haben und „in das Paradies entrückt" worden sein.[85] Dabei habe er Kontakt zum kürzlich verstorbenen Jesus gehabt und konvertierte. Ab dem Jahr 35 soll er als Paulus eine christliche Gemeinde in der syrischen Stadt Antiochia gegründet haben und als Prediger etwa 4000 km missionarisch unterwegs gewesen sein. Dabei sei er dreimal von Juden ausgepeitscht worden und erhielt fünfmal 39 Hiebe (siehe Korinther-Briefe). Da er angeblich einen „Unbeschnittenen" in die Synagoge eingeschleust habe, wurde er zu 2 Jahren Haft verurteilt. Als römischer Bürger wurde er dann nach Rom abgeschoben. Historiker gehen davon aus, dass er dort den Christen-Verfolgungen des Kaisers Nero (ab 64 n. Chr.) zum Opfer fiel.

Botschaften des Neuen Testaments

Doch zurück zu den eigentlichen Evangelien und den christlichen Botschaften. Markus hat mit dem Bedürfnis nach sagenhaften Geschichten besonders die heidnischen Zeitgenossen ansprechen wollen. Matthäus wollte möglicherweise besonders Vertreter der jüdischen Lehre überzeugen. Lukas hatte wert auf historische Tatsachenbeschreibungen gelegt und wollte auch über den Verstand missionieren. Johannes hatte hingegen ein Werk vorgelegt, um auch anspruchsvolle Intellektuelle und spirituell Suchende zu gewinnen. Eine Mischung von unterschiedlichen Stilen, die ihre Breitenwirkung nicht verfehlte.

Markus hat viele Jesus-Geschichten über die Heilung von Kranken und die Teufelsaustreibungen aufgeschrieben. Jesus soll auch Macht über den Wind gehabt haben und 4000 Menschen mit nur wenigen Broten satt gemacht haben. Diese Wunder wurden als Zeichen der

Göttlichkeit gesehen. Nach Markus war dies das Hauptmotiv, dem neuen Messias zu folgen. Die spirituellen Botschaften waren weniger leicht zu verstehen, denn „ohne Gleichnis redete er nichts zu ihnen".

Einige religiöse **Lebensregeln** findet man allerdings trotzdem schon bei Markus:

- Mit welcherlei Maß ihr messet, wird man euch wieder messen.

- Es ist leichter, dass ein Kamel durch ein Nadelöhr gehe, denn dass ein Reicher ins Reich Gottes komme.

- So gebet dem Kaiser, was des Kaisers ist, und Gott, was Gottes ist!

Markus berichtete auch von dem Zeugnis der Auferstehung. Nachdem Maria Magdalena das leere Felsengrab gesehen hatte, soll ihr Jesus erschienen sein. Dies wiederholte sich, als die elf Jünger zu Tisch saßen. Die Auferstehung wurde als der entscheidende Beweis angesehen, dass Jesus tatsächlich der Sohn Gottes war und ist.

Die wichtigsten christlichen Regeln hat Lukas aufgeschrieben:

- Wer zwei Röcke hat, der gebe dem, der keinen hat; und wer Speise hat, der tue auch also.

- Liebet eure Feinde; tut denen wohl, die euch hassen; segnet die, so euch verfluchen und bittet für die, so euch beleidigen.

- Und wer dich schlägt auf einen Backen, dem biete den anderen auch dar; und wer dir den Mantel nimmt, dem wehre nicht auch den Rock.

- Wer dich bittet, dem gib; und wer dir das deine nimmt, da fordere es nicht wieder.

- Und wie ihr wollt, dass euch die Leute tun sollen, also tut ihnen gleich auch ihr.

- Richtet nicht, so werdet ihr auch nicht gerichtet. Verdammet nicht, so werdet ihr nicht verdammt. Vergebet, so wird euch vergeben.

- Wenn er siebenmal des Tages an dir sündigen würde und siebenmal des Tages wiederkäme zu dir und spräche: Es reut mich! so sollst du ihm vergeben.

Es ist leicht erkennbar, dass diese neuen Regeln, den Christen viel abverlangen. Die Geschichte des Christentums ist nun nicht so zu interpretieren, dass sich die meisten Christen daran gehalten hätten. Auch die Offenheit des Religionsstifters gegenüber Frauen wurde später aus machtpolitischen Gründen getilgt. Frühe Schriftfunde in der Nähe der Ortschaft Nag Hammadi belegten beispielsweise, dass Jesus Maria Magdalena mehr geliebt haben soll als seine Jünger und sie oft auf den Mund geküsst haben soll. Sie sei seine „Gefährtin" gewesen, heißt es dort.

Gregor I. war von 590 bis 604 n. Chr. Papst und wurde 1295 heiliggesprochen. Dieser Papst hatte die Lüge in die Welt gesetzt, Maria Magdalena sei die „namenlose Sünderin" der Bibel gewesen. Aus seiner Sicht musste das so gewesen sein, weil alle Frauen Sünderinnen gewesen sein sollen. Erst 2016 wurde Maria Magdalena auf ausdrücklichen Wunsch von Papst Franziskus liturgisch den Aposteln gleichgestellt. Dies hat allerdings bis heute noch nicht dazu geführt, dass Frauen auch eine angemessene Rolle in der Kirche spielen können.

Nimmt man die bei uns gebräuchliche Luther-Bibel als Grundlage für eigene Recherchen, so stellt man schnell fest, dass etwa ¾ der Bibel aus den grausigen Geschichten des Alten Testaments besteht. Jeder Gläubige wird sofort sagen, dass der dort dargestellte zornige Gott und das barbarische Leben der Menschen nicht der Maßstab für eine christliches Leben sein soll.

Es gibt über 50 überlieferte Evangelien insgesamt. Aber nur vier haben es in das Neue Testament geschafft: die Evangelien nach Matthäus, Markus, Lukas und Johannes.[86] Schon hier ist erkennbar, dass die Geschichten über Jesus intensiv gefiltert worden sind, um einen möglichst großen Missionserfolg zu erzielen. Das Ergebnis zeigt, dass die Auswahl von Geschichten, Wundern und Gleichnissen so gut war, dass daraus eine der großen Weltkirchen geworden ist. Das heißt nicht, dass alle Ereignisse und insbesondere die vielen Wunder wirklich passiert sind.

Einige römische Historiker des 1. Jahrhunderts n. Chr. erwähnen Jesus als einen Überbringer neuer religiöser Botschaften und berichten auch von einer Kreuzigung. So soll Flavius Josephus (36 bis ca. 100 n. Chr.) Johannes den Täufer und wohl auch Jesus von Nazareth erwähnt haben – allerdings ist diese Textstelle (das sogenannte Testimonium Flavianum) christlich überarbeitet worden und der ursprüngliche Wortlaut unsicher.[87] Erwähnt wird Jesus auch von dem römischen Historiker Sueton (70 bis 122 n. Chr.), der ihn als „Unruhestifter" bezeichnet hat. Auch Tacitus (58 bis 120 n. Chr.)

erwähnt die Kreuzigung Jesu und ärgerte sich darüber, dass der „un-heilvolle Glauben" von den Anhängern trotzdem weiterverbreitet wurde.[88]

Offene Fragen und Bewertung

Zentrales Thema in den Alten Schriften sind die Erschaffung des Menschen und die Sintflut als Ausdruck des Zorns des Gottes bzw. der Götter über sein bzw. ihr geschaffenes Volk. Vielleicht gab es auch mehrere Sintfluten in der Geschichte der Menschheit.

Durchgehend gewinnt man den Eindruck, dass die Schöpfer nicht mit dem Ergebnis ihrer Schöpfung in Bezug auf den Menschen zufrieden waren. Die Menschen haben sich als undankbar erwiesen und sich nicht an die göttlichen Regeln gehalten. In den Alten Schriften wird Gott bzw. die Götter als zornige Gestalten beschrieben, die von den Menschen unbedingten Gehorsam einforderten und sie bestraften, wenn die Erwartungen nicht erfüllt wurden. Dabei gibt es eine klare Abgrenzung zwischen Gläubigen und Ungläubigen.

Im Neuen Testament erkennt man einen religiösen Paradigmenwechsel. Nicht die Gesetzestreue steht mehr im Vordergrund, sondern die Lebenshaltung auch gegenüber Andersdenkenden. Diese neue Haltung bedeutet auch noch 2000 Jahre nach ihrer Verschriftlichung eine Überforderung des normalen Menschen, der es gewohnt ist, sich abzugrenzen und Feindbilder nutzt. Die neu-testamentarische Haltung würde bedeuten, in allen Menschen das Göttliche zu erkennen und entsprechend zu handeln. Wie dürften unsere Mitmenschen nicht bewerten, nicht richten und müssten ihnen ihr schädliches Verhalten vergeben. Es gibt sicher nicht wenige Mitmenschen, die so eine Haltung schamlos ausnutzen würden.

Die Regel *„Und wie ihr wollt, dass euch die Leute tun sollen, also tut ihnen gleich auch ihr"* *(Lukas)* findet sich in abgewandelter Form auch bei Immanuel Kant:

„Handle so, dass die Maxime deines Willens jederzeit zugleich als Prinzip einer allgemeinen Gesetzgebung gelten könne."

Aus diesem sinnvollen ethischen Grundsatz können allerdings auch die anderen Regeln abgeleitet werden. Wer würde sich beispielsweise nicht darüber freuen, wenn wir Schaden angerichtet haben, uns entschuldigen und Mitmenschen uns sogar mehrmals vergeben? Wenn wir jemanden bestohlen hätten, würden wir allerdings nicht erwarten, dass diese Person ihr Eigentum nicht zurückfordert. Wenn uns jemand ins Gesicht schlagen würde, dann kämen wir nur dann auf die Idee, noch die andere Seite hinzuhalten, wenn wir meinen würden, wir hätten es verdient.

Es gibt also Regeln aus dem Neuen Testament, die mehr als idealistisch sind und heute als naiv bezeichnet würden. Schädliche Verhaltensweisen würden voraussichtlich dadurch nicht abnehmen. Es ist aber in unserer Welt auch kein Geheimnis, dass Gewalt immer mehr Gewalt erzeugt.

Mit dem Neuen Testament sollte ein Paradigmenwechsel eingeleitet werden, der dringend erforderlich ist. Noch heute wird meistens die Regel „Auge um Auge" angewandt, weil sich andere Maßnahmen als wirkungslos erwiesen haben. Am deutlichsten wird dies in der Gegend, in der die Bibel entstanden ist.

Böses Handeln hätte nach dem Neuen Testament so gut wie keine direkten Konsequenzen, wenn es nicht die weltlichen Gesetze gäbe.

Zumindest nach dem Markus-Evangelium hat Jesus die Arbeitsteilung zwischen Kirche und Staat grundsätzlich respektiert (*„So gebet dem Kaiser, was des Kaisers ist, und Gott, was Gottes ist!"*) Dieses Zitat bezieht sich zwar konkret auf die Steuern, aber zeigt auch den Sinn für weltliche Mächte.

Als das Christentum zur römischen Staatsreligion wurde, gab es diese sinnvolle Trennung nicht mehr. Selbst heute gibt es in Deutschland noch keine klare Trennung. Mit rund 500 Mio. Euro pro Jahr werden die Kirchen vom Staat gesponsert und „Steuern" (nicht Beiträge) von den Kirchenmitgliedern eingezogen. Die Missbrauchsfälle wurden zuerst nach Kirchenrecht bearbeitet. Das wurde von vielen Staatsanwaltschaften ohne große Kritik akzeptiert.

Die Arche Noah und die Sintflut

Die Geschichte der Arche Noah muss nicht wahr sein. Bemerkenswert ist allerdings, dass es etwa 80.000 Werke in 72 Sprachen gibt, die eine Sintflut erwähnen und sogar 70.000 Schriftstücke, die das Wrack der Arche Noah beschreiben. [89]

Die Rede ist von einer 40-tägigen Sintflut. *„Allein Noah blieb übrig und was mit ihm in dem Kasten war."* (1. Mose 7) Das Wasser zog sich erst nach 150 Tagen wieder zurück. Da nur die Familie von Noah übriggeblieben sein soll, wären wir heute alle Nachkommen Noahs.

Archäologisch ist eine Flut für die Zeit um 4000 v. Chr. auf der

Sinai-Halbinsel belegt. Nach Noah begann die Entwicklung des jüdischen Volkes dann von neuem. Diese Sintflut betraf nach unserem heutigen Wissen nur das Zweistromland im Nahen Osten. Das hat sich für die dort lebenden Menschen sicher anders angefühlt.

Die Sintflut war möglicherweise nur ein lokales Ereignis im Zweistromland von Euphrat und Tigris etwa 4000 v. Chr.. Dabei soll ein Gebiet von 650 km Länge und 160 km Breite überschwemmt worden sein. [90] Viele Städte aus der Zeit nach der Sintflut sind heute durch die Archäologie gefunden worden. Die Tora und die Bibel erzählten also eine Geschichte, die sich vielleicht, mit einigen Ausschmückungen, so abgespielt haben könnte.

Damit ist die Frage nach dem Gott HaSchem, den übrigen Göttern und den „Söhnen der Götter" nicht beantwortet. Da der geschaffene neue Mensch seinem Schöpfer ähnlich sein soll, könnten es also auch technologisch überlegene alte Kulturen des Homo sapiens oder Außerirdische gewesen sein. Ich komme auf dieses Thema später noch zurück.

Die Geschichte der Arche-Noah und der Sintflut wird auch schon im Gilgamesch-Epos erzählt. Der Sohn von „Ubara-Tutus" wurde von den Göttern beauftragt, eine Arche zu bauen. Diese war aber nicht schiffsähnlich geformt, sondern angeblich als Würfel mit einer Kantenlänge von 60 Metern erbaut worden. Man kann sich vorstellen, dass der Bau eine große technische Herausforderung darstellte. Ein richtiger Gott hätte die Menschen, die überleben sollten, sicher auch von der Erde entfernen können (wie das beispielsweise bei Henoch passiert sein soll) oder ihnen eine fertige Arche hingestellt.

Ein richtiger Gott hätte sicher auch die Konsequenzen vorhergesehen. Die „Götter" aber beweinten nach der Sintflut ihre Tat, das Menschengeschlecht ausgerottet zu haben!

Die Sintflut-Erzählung soll in der sumerischen Fassung möglicherweise nicht zum Gilgamesch-Epos gehört haben. Aber das ist eine Spekulation. Den größten Teil des noch erhaltenen Textes fand man – um eine zwölfte Tafel ergänzt – in der großen Tontafelbibliothek des Assyrerkönigs Aschurbanapli (669–627 v. Chr.) in seiner Hauptstadt Ninive. [91]

In der Geschichte der Menschheit hat es sicher verschiedene Naturkatastrophen unterschiedlicher Art gegeben. Von einer Sintflut haben die alten Völker des Nahen Ostens ihren Nachkommen in ähnlicher Weise berichtet. Danach hätte eine Gruppe von „Göttern" die von ihnen erschaffenen Menschen willentlich getötet, weil eine genetische Vermischung riesenhafte Wesen erzeugt hatte. Diese Geschichte wird heute als Legende bezeichnet.

Wer waren die „Götter" wirklich?

Die sogenannten Heiligen Schriften enthalten viele widersprüchliche und auch unglaubwürdige Darstellungen der menschlichen Schöpfung. Gott, die Götter, die Söhne der Götter und die Engel erscheinen nicht als überirdische weise Wesen, die verantwortlich mit ihrer Schöpfungskraft umgehen können und allwissend sind. Sie sind wie die erschaffenen Menschen eitel, zornig, gewalttätig und nachtragend, wenn ihre Erwartungen hinsichtlich Opfergaben und Anbetung nicht erfüllt werden. Es sind Wesen, die in einem örtlich beschränkten Radius aktiv geworden sein sollen.

Auch die Kommunikations- und Erscheinungsformen sind seltsam. Wenn Gott in den Menschen existiert, warum musste ein kompliziertes Gerät wie die „Bundeslade" hergestellt werden, um mit ihm Kontakt aufzunehmen? Wenn er allwissend war, warum konnte er die Götzenverehrung der Israeliten mit dem „Goldenen Kalb" nicht vorhersehen und verhindern und tötete stattdessen 3000 Abtrünnige?

Wenn wir die Bibel, die Tora, den Koran oder das Gilgamesch-Epos studieren, bleiben viele dieser Fragen unbeantwortet. Wenn man einzelne dieser Schriften zur Grundlage einer Religionsgemeinschaft macht, warum geht man diesen Fragen nicht nach? Warum gibt es keine Reformbemühungen, um die Essenz des Glaubens und der Überlieferungen zu erhalten?

Die „Heiligen Schriften" sind unzweifelhaft menschliche Aufzeichnungen von gehörten und überlieferten Erzählungen von göttlichen Botschaften und geschichtlichen Ereignissen. Diejenigen, die diese Geschichten aufgeschrieben haben, verfolgten damit sicher auch eigene Interessen und passten die Inhalte entsprechend an. Es ist also nicht verwunderlich, dass Geschichtsschreibung, Dichtung, Wahrheit und Übersetzungsfehler untrennbar in den Schriften enthalten sind. Trotzdem wird die Bibel von der katholischen Kirche als „Wort des lebendigen Gottes" verkündet (Katholische Einheitsübersetzung)[92], dabei wird unterstellt, dass Gott über den Heiligen Geist den Aposteln und Propheten die Texte quasi diktiert hätte. Dann wären allerdings die vielen Widersprüche in den unterschiedlichen

Texten schwer zu erklären. Andere Bibelübersetzungen wie beispielsweise die Luther-Bibel, die Gute Nachricht Bibel und die Elberfelder Bibel haben hier auf eine Festlegung der Authentizität verzichtet.

Auch das Alte Testament der Bibel wurde in der langen Geschichte häufig verändert und lektoriert und wesentlich aus der älteren Tora übernommen. Darin wird ein herrschsüchtiger Gott beschrieben, der von den von ihm geschaffenen Menschen die völlige Unterwerfung erwartete und mit einem großen Arsenal an Strafen disziplinierte. Außerdem geht es um einen Gott, der historisch nur das jüdische Volk begleitet haben soll und dieses praktisch als sein Eigentum ansah. Andere Völker, die sich auf der arabischen Halbinsel niedergelassen hatten, wurden als Feinde betrachtet und teilweise ausgelöscht.

Gott der Götter

Neben dem Gott der Juden (HaSchem) scheint es noch andere „Götter" und „Söhne der Götter" gegeben zu haben, die sich mit den menschlichen Frauen paarten und teilweise Riesen erzeugten. Die von Gott erzeugte Sintflut sollte offensichtlich diesen Makel der Schöpfung beseitigen und einen Neuanfang ermöglichen.

Im 5. Buch Mose in der Luther-Übersetzung kann man lesen:

*„Der Herr, euer Gott, ist ein **Gott aller Götter** und Herr über alle Herren, ein großer Gott, mächtig und schrecklich, der keine Person achtet und kein Geschenk nimmt".* [93]

Auch in den Psalmen 136 heißt es:

*„Danket dem **Gott aller Götter**, denn seine Güte währet ewiglich".*

In der deutschen Übersetzung der jüdischen Torah heißt es:

*„HaSchem, euer Gott, ist ein **Gott der Götter** und ein Herr der Herren, der große, starke und furchtbare Gott, der kein Ansehen achtet und keine Bestechung nimmt. "* [94]

In der katholischen Einheitsübersetzung wurde „Gott der Götter" aus dem Buch Mose entfernt. Der Titel taucht allerdings noch an 5 anderen Stellen auf. Beispielsweise sagt der König Nebukadnezzar zu Daniel (Die Bücher der Propheten):

„Euer Gott ist der Gott der Götter und der Herr der Könige und er kann Geheimnisse offenbaren". [95]

In der Elberfelder Bibel finden sich noch sechs Textstellen. Neben dem 5. Buch Mose findet man diesen Titel noch bei Josua, Daniel und in den Psalmen. [96] In der sprachlich modernisierten Fassung der „Gute Nachricht Bibel" wurde der Titel „Gott der Götter" vollständig beseitigt. [97]

Solch eine Recherche ist heute nur möglich, weil es E-Book-Fassungen der verschiedenen Bibel-Übersetzungen gibt und Begriffe leicht gesucht werden können. Hier zeigt sich aber auch, dass es dabei nicht nur um sprachliche Anpassungen geht. Der Titel „Gott der Götter" bedeutet doch, dass es auch noch andere Götter gegeben haben muss. Dazu gibt es viele versteckte Hinweise. Beispielsweise steht in der Luther-Bibel und der Torah im 1.Buch Mose:

*„Lasst **uns** machen einen Menschen in **unserem** Bilde".*

Wie ich dargestellt habe, finden sich konkrete Hinweise auf die Beteiligung mehrerer „Götter" bei der Erschaffung des Menschen im Buch Henoch, im Gilgamesch-Epos und im Popol Vuh der Majas. Gott und die Götter werden nicht als übermenschliche Wesen dargestellt, die auch das Universum erschaffen haben. Sie sind aber sicher die „Herren" der Menschen gewesen und haben diesen „nach ihrem Bilde" genetisch erschaffen. Charakterlich stehen sie den Menschen sehr nahe.

Der Gott der Juden stellte ein gesetzliches Regelwerk auf und prüfte häufig die Ergebenheit seines Volkes. Die Juden hielten sich mehrmals nicht an seine Anweisungen und wurden dafür bestraft.

Gott traf sich des Öfteren auf der Spitze eines Berges mit einzelnen Auserwählten und machte dabei viel Lärm:

„Da waren Donner und Blitze und ein schwer Gewölk auf dem Berge und mächtig starker Posaunenschall wie der Rauch eines Ofens, und der ganze Berg bebte gewaltig." [98]

Hört sich eher wie die Landung einer Maschine an. Am Tage erschien HaSchem dann manchmal als „Wolkensäule" und nachts als „Feuersäule". Warum musste er dann des Öfteren auf einem Berg landen und dafür sorgen, dass niemand zu Schaden kam? Kommuniziert wurde über die „Bundeslade", die anscheinend für die Menschen gesundheitsgefährlich war. Es gab deshalb auch detaillierte Anweisungen, wie und mit welcher Ausrüstung man sich der Lade nähern durfte.

Einen allmächtigen Gott stelle ich mir anders vor. Der Gott der Tora und der Bibel hatte unzweifelhaft Macht über das von ihm geschaffene jüdische Volk. Diese Macht übte er auch mit bestimmten Gegenständen und Techniken aus. Das Motiv dieses Gottes schien darin zu bestehen, eine große Anzahl von „gottesfürchtigen" Menschen zu schaffen, die ein bestimmtes Gebiet auf der Sinai-Halbinsel erobern und besiedeln sollten. Geködert wurden diese mit dem Versprechen, dann ein Land zu besitzen, in dem „Milch und Honig fließen". Bis zum Eintreffen in „Kanaan" sollten viele Jahrhunderte vergehen, in der das jüdischen Volk diszipliniert und geknechtet wurde.

Es wird deutlich, dass die Erschaffung von Adam und Eva nicht gleichzusetzen ist mit der Erschaffung des Homo sapiens. Wer war dann Adam und hat er überhaupt gelebt? Wenn dieser Schöpfungsmythos nur dazu diente, die Frage nach dem Ursprung des jüdischen Volkes zu beantworten, dann hätte der Schöpfer der Tora sich nicht so viel Mühe geben müssen, den Stammbaum von Adam bis Josef im Detail aufzulisten (2.366 Jahre!).

Die Israeliten haben in dieser Zeit keine großartigen Gebäude wie die Pyramiden hinterlassen, es wurden auch keine in Granit gemeißelte Geschichten einzelner Personen gefunden. Im Grunde genommen waren die „Kinder Israels" bis zu ihrem Auszug aus Ägypten Nomaden geblieben, die sich gut mit der Viehzucht auskannten. Nur Josef fiel mit seinen seherischen Fähigkeiten aus dem Rahmen. Das Besondere an dieser Geschichte sind natürlich die „Gotteserfahrungen" einzelner Auserwählter, die verschiedenen Wunder und das einzuhaltende Regelwerk („10 Gebote").

Das ältere Gilgamesch-Epos beschreibt die Erschaffung des Menschen durch verschiedene Götter. Erst wurde ein „Wildmensch" erschaffen, „bepelzt" am ganzen Leibe und mit „wallenden Haupthaar wie ein Weib". Dieser verzehrte wie die Gazellen das Gras. Es wurde eine Priesterin ausgesandt, die diesen Wilden verführte. Das Liebesspiel soll sieben Tage gedauert haben (!). Danach war die Wildheit gewichen: *„Er wuchs, ward weiten Sinnes", „Er salbte sich mit Öl und wurde dadurch ein Mensch".* Er glich in der Gestalt dem Halbgott Gilgamesch, war jedoch kleiner, aber „überaus stark". Gemeinsam haben sie den Wächter des Zedernwaldes erschlagen und *„die verborgene Wohnung der Anunnaki"* geöffnet. Aus den Zedern, die den Himmel erreichten, baute Gilgamesch eine Tür, durch die „der Gott" aber kein Fremder hindurchschreiten sollte.

Wenn man sich die kulturelle und technische Entwicklung der Menschen anschaut, dann kommt man am alten Mesopotamien nicht vorbei. Aus irgendeinem Grund scheint hier die Quelle der Schöpfungsmythen gelegen zu haben.

Gesichert ist, dass hier etwa 5000 v. Chr. das Volk der Ubaidier sesshaft wurde. Aus diesen Siedlungen entstanden die bedeutenden sumerischen Städte Adab, Eridu, Isin, Kisch, Kullab, Lagasch, Larsam, Nippur, Uruk und Ur.

Nach 3250 v. Chr. soll ein anderes Volk aus dem Nordosten von Mesopotamien in diese Region gezogen sein und begonnen haben, sich mit der Urbevölkerung zu vermischen. Dieses Volk, das später den Namen Sumerer tragen sollte, sprach eine Sprache, die mit keiner bekannten Sprache zu vergleichen war. In den folgenden Jahrhunderten wurde das Land reich und mächtig. Kunst, Architektur und Handwerk kamen zur Blüte, und die Hauptsprache des Landes wurde Sumerisch.

Ebenfalls um 3250 v. Chr. soll ein Pharao namens Skorpion I. in Ägypten Bewässerungsanlagen und die Schrift eingeführt haben. Um 3100 v. Chr. soll es den Pharao Skorpion II. gegeben haben. Eine Darstellung aus Hierakonpolis zeigt ihn mit der weißen Krone Oberägyptens. Diese Herrscher regierten wahrscheinlich noch vor der 1. Dynastie der ägyptischen Pharaonen, die mit Pharao Menes begann.

Merkwürdig ist, dass im Gilgamesch-Epos an mehreren Stellen von „Skorpionmenschen" die Rede ist, die besonders fruchtbar und mächtig gewesen sein sollen und den Durchgang durch das Gebirge Maschu kontrollierten. Gilgamesch konnte nach einem Marsch durch das „Bergtor" Edelsteinbäume bewundern (9. Tafel). Sicher nur ein Zufall...

Zusammenfassend komme ich bei der Recherche der verschiedenen religiösen Schöpfungsmythen zum Ergebnis, dass es hier nicht um die Schaffung der Menschheit insgesamt ging, sondern nur um die Erschaffung eines menschlichen Paares zur Gründung des jüdischen Volkes. Möglicherweise stimmen die Altersangaben in der Tora und Bibel, wonach Adam dann um 5670 v. Chr. erschaffen worden wäre.

Merkwürdig sind die hohen Altersangaben der ersten Abkömmliche Adams, ebenso die „Söhne der Götter", die die menschlichen Frauen schwängerten und sogar Riesen erzeugt haben sollen, seltsam sind auch die Bundeslade und die Form, in der sich Gott gezeigt haben soll.

Das Gilgamesch-Epos kann auch darauf hindeuten, dass etwa 5000 v. Chr. technisch hochentwickelte Wesen (Annunaki) eine neue Menschenrasse erzeugt haben, die ihnen dann auch ähnelte. Erklärbar wäre dann zumindest die enorme technische, wissenschaftliche und kulturelle Entwicklung im alten Mesopotamien und Ägypten.

Woher diese „Götter", „Halbgötter" und „Engel" gekommen sein sollen, ist eine andere Frage und Gegenstand vieler Spekulationen.

Der Journalist Zecharia Sitchin (1920-2010) hat beispielsweise die Geschichte der Sumerer intensiv erforscht und 2015 „Die Anunnaki Chroniken" veröffentlicht. Danach sollen Außerirdische schon vor 445.000 Jahren die Erde heimgesucht haben, um Gold zur Rettung der Atmosphäre ihres eigenen Planeten zu fördern.[99] Dieses menschliche Wesen sei dabei ein genetisch erzeugter Hybride gewesen, um den Goldbergbau voranzubringen. Eine interessante Geschichte. Diese wird allerdings nicht mit Fakten belegt, sondern nur durch Interpretationen alter Schriften entwickelt. Dabei müsste es sich dann um eine andere Homo-Art gehandelt haben.

Die alten religiösen Mythen sind keine reinen Phantasieprodukte, da viele archäologische Funde die Geschichten unterfüttern. Die verschiedenen Heiligen Schriften werfen viele Fragen auf, die für die Menschheitsentwicklung von großer Bedeutung sind. Es ist erstaunlich, dass sich die Gläubigen viele dieser Fragen nicht stellen. Vielleicht, weil sie die Antworten fürchten? Vielleicht, weil sie ahnen, dass diese Schriften kein Zeugnis eines übermenschlichen Gottes sind?

Gab es das Paradies?

Über den Ort des „Garten in Eden" gibt die Bibel den Hinweis auf vier Flüsse, die dort ihre Quelle haben. Über den Fluss „Pison", der das ganze Land „Hevila" umfließt, ist nichts bekannt. Es gibt Spekulationen, dass dieser Fluss den Persischen Golf mit dem Roten Meer verbunden haben soll und mitten durch die heutige Wüste Saudi-Arabiens geflossen wäre. Der Fluss „Gihon", der um das ganze „Mohrenland" fließt, ist möglicherweise der Nil (einige meinen auch, dass damit der Fluss Aras in der Türkei gemeint sein könnte). Die anderen beiden Flüsse sind Hiddekel (Tigris) und Euphrat.

Das Paradies wäre danach möglicherweise ein Ort im heutigen Irak, Jordanien oder Saudi-Arabien gewesen. Nach der Bibel wäre dies dann auch der Ort, wo die Gattung Homo sapiens entstanden wäre. Über den Zeitpunkt der Schaffung des Menschen schweigt sich die Bibel aus, wenn der 6-tägige Schöpfungsprozess symbolisch und nicht wörtlich gemeint ist.

Diese Darstellung der Schaffung des Menschen und der Erde passt mit den heutigen Erkenntnissen nicht zusammen und darf deshalb als Schöpfungsmythos der Bibel bezeichnet werden. Der Homo sapiens entstand nachweislich schon vor etwa 60.000 Jahren.

Wurden die ersten Menschen uralt?

Nach der Bibel wurden die Menschen am Anfang der Menschheitsgeschichte noch sehr alt. Adam lebte danach 930 Jahre (1. Buch

Mose 5). Sein Sohn Seth lebte 912 Jahre, sein Enkel Enos 905 Jahre, sein Urenkel Kenan 910, sein Ururenkel Mahalalee 895 Jahre, sein Urururenkel Jared 962 Jahre, sein Ururururenkel Henoch wurde dann „nur" noch 365 Jahre alt. Sein Urururururenkel Methusalah wurde allerdings 969 Jahre alt. Sein Urururururenkel Lamech wurde immerhin noch 777 Jahre alt. Dessen Sohn war Noah, der erst im Alter von 500 Jahren (!) seine Söhne Sem, Ham und Japheth gezeugt haben soll. Nach der Darstellung der Bibel muss Adam die Geburt seines Ururururururenkels Lamech (dem Vater von Noah) mit 874 Jahren noch miterlebt haben!

Schon diese Geschichtsdarstellung hat es in sich und ist schwer zu glauben! Bibelforscher haben das so interpretiert, dass die Altersangaben dazu dienen sollten, die „Altväter" der Bibel besonders aufzuwerten. Das Alte Testament ist hier allerdings sehr konkret in den Altersangaben und den Bezeichnungen der Nachkommen von Adam. Bisher habe ich zum Wahrheitsgehalt dieser Angaben noch nichts finden können. Also auch nur ein Mythos? Oder haben die Menschen am Anfang wirklich so lange gelebt? Falls die Menschen genetisch als eine Art Hybridrasse erschaffen wurden, könnte es sogar sein, das die Altersangaben stimmen und sich die genetischen Eigenschaften im Rahmen der Fortpflanzung veränderten. Dieses Phänomen kann auch beim Kreuzen verschiedener Nutztierrassen beobachtet werden.

Nach der Bibel und der Tora starben die Menschen immer früher. So wurde Josef, der von seinen Brüdern für „20 Silberstücke" verkauft worden sein soll und dann nach Ägypten gebracht wurde, „nur" 110 Jahre alt (Tora, Kapitel 50). Der Priester Aharon wurde

123 Jahre alt (Tora, Seite 365).

Die Tora und die Bibel machen erstaunlich detaillierte Angaben über die männlichen Nachkommen und deren Lebenszeit. Sind das wirklich nur Erfindungen?

Im „Buch der Genesis" der Tora findet sich in Kapitel 5 „das Buch der Nachkommen Adams". Wenn ich wissen will, wann Adam erschaffen wurde, dann kann ich die Generationen vor der Sintflut erfassen. Ich kann die Geschichte der Nachkommen beschreiben, indem ich immer die Jahre notiere, die vergangen sind, um einen Sohn, in die Welt zu setzen: Adam 130 - Schet 105 - Enosch 90 - Kenan 70 - Mahalalei 65 - Jered 162 - Chanoch 65 - Metuschelach 187 - Lemech 182 - Noach.

Im Ergebnis kann ich dann festhalten: Adam wurde 1056 Jahre vor Noahs Geburt erschaffen. Als die Sintflut (möglicherweise 4000 v. Chr.) kam, soll Noah nach der Tora 600 Jahre alt gewesen und erst 350 Jahre danach gestorben sein.

Die Erschaffung Adams wäre dann 1656 Jahre vor der Flut gewesen, also etwa 5670 Jahre v. Chr.

Das lasse ich jetzt mal so stehen.

Eine widersprüchliche ägyptische Geschichte

Nach der Sintflut ist die Zeit vor der Einwanderung der Hebräer nach Ägypten. Nach der gleichen Methode der Adam-Nachfahren kann ich die Nachkommen von Noach auflisten: Noach 500 –

Schem 100 – Arpachschad 35 – Schelach 30 – Eber 34 – Peleg 30 – Re'u 32 – Serug 30 – Nachor 29 – Terach 70 – Abram.

Dies bedeutet, dass Abram (Abraham) 290 Jahre nach der Sintflut geboren wäre, also etwa 3710 Jahre v. Chr..

Gott prüfte Abraham hinsichtlich seiner unbedingten Gefolgschaft, indem er ihn aufforderte, seinen Sohn Jizchak zu opfern. Abraham hätte ihn tatsächlich geopfert, wenn nicht kurz davor ein „Engel" diese Tat verhindert hätte.

Nach der Tora soll Abram im Alter von 75 Jahren auf Befehl seines Gottes das Land Charan verlassen haben, um in das Land Kenaan (das „Gelobte Land" - heutiges Westjordanland) zu ziehen (Kapitel 12). Wegen einer Hungersnot zog Abram weiter nach Mizrajim (Ägypten). Dort gab er seine schöne Frau Sarai als seine Schwester aus, um sich und sie zu schützen. Der Pharao nahm sie zur Frau, ohne dies zu wissen und beschenkte Abram reichhaltig. Deswegen hat HaSchem dem Pharao viele Plagen ins Haus geschickt, so dass dieser Abram mit seiner Frau wieder nach Kenaan ziehen ließ („sehr reich an Vieh, an Silber und an Gold" – Kapitel 13). Die Reaktion von HaSchem ist nicht nachvollziehbar. Schließlich hat Abram dem Pharao verheimlicht, dass Sarai nicht seine Schwester sondern seine Ehefrau war. Wieso dann der Pharao und die Ägypter für diese Lüge büßen mussten, bleibt das Geheimnis dieses jüdischen Gottes.

Als Abram 86 Jahre alt war, gebar ihm die Magd Hagar seinen Sohn Jischmael. Als Abram 99 Jahre alt war, hat HaSchem mit ihm einen Bund geschlossen und den Namen Awraham gegeben. Seine Frau Sarai sollte in Zukunft Sarah heißen. Er sollte „zum Vater einer

Menge von Völkern" gemacht werden (Kapitel 17).

Als Abram 100 Jahre alt war, gebar seine Frau Sarah mit 90 (!) den Sohn Jizchak. Dieser bekam, als er 60 Jahre alt war, die Zwillinge Jaakow und Esaw (also dann um 3550 v. Chr.) und wurde 180 Jahre alt. Jaakow soll mit einem „Engel" gekämpft haben, der ihn dann segnete und den neuen Namen Jisrael gab. Auf die 12 Söhne Jaakows gehen angeblich die 12 Stämme Israels zurück. Jaakow wurde 147 Jahre alt und starb demnach etwa 600 Jahre nach der Sintflut. Sein Sohn Josef soll seherische Fähigkeiten besessen haben. Daraus entstanden Konflikte mit seinen Brüdern, die ihn für „20 Silberstücke" an die Jischmaeliter verschacherten und die Josef dann an den obersten Leibwächter des Pharao nach Ägypten verkauften. Dieser würdigte die traumdeuterischen Fähigkeiten und gab Josef eine hohe Position in Ägypten. Er starb im Alter von 110.

Bei der Beschreibung der Lebensgeschichte von Josef taucht im Kapitel 47 der Begriff „Land Rames" auf. Ramses I. regierte 16 Monate lang Ägypten bis 1290 v. Chr. (19. Dynastie).

Hier wird deutlich, dass die Zeitangaben in der Bibel nicht stimmen können. Die Israeliten sollen nach der Tora 430 Jahre in Ägypten gelebt haben, um dann das Land unter der Führung von Moses zu verlassen. Dort heißt es im Buch Exodus:

„Das Volk der Kinder Jisrael baute Vorratsstädte für Pharao, Pitom und Ramses ... Die Kinder Jisrael brachen auf von Ramses in Richtung Sukkot"

Der erste Satz wird dann verständlich, wenn man davon ausgeht, dass mit Ramses nicht der Pharao Ramses gemeint war, sondern der gleichnamige General und Wesir unter dem Pharao Haremhab, der Ägypten zwischen 1319 und 1292 v. Chr. regierte. Historiker gehen davon aus, dass der Auszug der Israeliten in die Zeit von Pharao Ramses II. gefallen ist. Dann wäre der Zeitraum 1279 bis 1213 v. Chr. gewesen.

Die zeitliche Verknüpfung zwischen dem Tod von Josef als Sohn des Jaakow und der Geburt von Moscheh aus dem Hause Lewi im „Buch Exodus" ist verwirrend. Dazwischen müssen mindestens 400 Jahre gelegen haben, über die es keine Überlieferungen in den jüdischen Schriften gibt. Dies würde bedeuten, dass Josef etwa 1700 v. Chr. gelebt hätte. Dann wäre er aber nicht der Sohn von Jaakow gewesen, der im Alter von 130 Jahren Ägypten besucht hat (etwa 550 Jahre nach der Sintflut – also 3450 v. Chr.).

Wenn die Josef-Geschichte und der Stammbaum ab Adam stimmen sollte, dann hätte es eine Sintflut um 2350 v. Chr. geben müssen. Davon ist archäologisch nichts bekannt. Dann wäre Adam um 4000 v. Chr. (mitten in einer Sintflut) erschaffen worden. Mit Logik komme ich hier wohl nicht weiter. Vielleicht hat es aber auch einen zweiten jüdischen Josef gegeben?

Nachdem die Nachkommen von Awraham 430 Jahre in Ägypten lebten, sollen sie unter dem Pharao Ramses die Möglichkeit bekommen, auszuwandern. Der Pharao lässt die 600.000 aber erst ziehen, nachdem verschiedene Plagen erzeugt worden sind: Frösche, Stechmücken, wilde Brut (?), Viehseuche, Beulenpest, Hagel, Heuschrecken, Finsternis und das Sterben der Erstgeborenen.

Bevor die Israeliten nun in das Land „wo Milch und Honig fließen" kommen sollten, wurden sie 40 Jahre durch die Wüste geführt. Ha-Schem erschien dabei am Tage als „Wolkensäule" und nachts als „Feuersäule" und zeigte den Weg. Dabei soll das Hauptnahrungsmittel „Man" gewesen sein, das aussah wie weiße Koriandersamen und „schmeckte wie Kuchen mit Honig".

Dieses „Man" (Manna) entsteht tatsächlich auf einem Tamarisken-Baumgewächs des Sinai durch Ausscheidungen einer Schildlaus und entspricht der Beschreibung aus der Tora.[112] Noch heute werden diese Samen ähnlichen Erzeugnisse von Nomaden gesammelt und gegessen. Dabei darf man morgens nicht zu lange warten, denn auch Ameisen ernähren sich davon. Ich kann mir allerdings nicht vorstellen, dass die Läuse so viel Nahrung erzeugt haben, um 600.000 Menschen zu ernähren.

Die „Söhne Gottes" und die Riesen

In Kapitel 6 des ersten Buch Mose erscheinen in der Tora plötzlich die „Söhne Gottes" und „Riesen":

„Da sahen die Söhne Gottes die Töchter der Menschen, dass sie schön waren, und nahmen sich Frauen, aus allen, die sie erkoren. Und Ha-Schem sprach: Nicht soll mein Geist walten in dem Menschen für immer – in ihrem Wahn wird er Fleisch – und so seien seine Tage hundertzwanzig Jahre. Die Riesen waren auf Erden in denselben Tagen; auch nach diesem, als die Söhne Gottes kamen zu den Töchtern der Menschen, und diese von ihnen gebaren."

Danach wurden alle Menschen bis auf die Familie von „Noah" (und wahrscheinlich auch die „Söhne Gottes" und die Riesen?) durch die Sintflut hinweggerafft. Im Unterschied zur Bibel will Gott diesen Eingriff in seine Schöpfung nach der Tora wohl nicht wiederholen:

„HaSchem sprach zu seinem Herzen: Nicht noch einmal will ich verfluchen fortan den Erdboden um des Menschen willen – obwohl das Schaffen des Menschenherzens böse ist von seiner Jugend an – und nicht noch einmal will ich fortan schlagen alles Lebende, wie ich getan habe." (Kapitel 8)

Das würde dann der Prophezeiung eines „Harmagedon" in der Bibel (Offenbarung 16:16) etwas widersprechen, da dann die Ungläubigen in einer Endschlacht Gottes gegen die Menschen ausgerottet werden sollen. Daran glauben z.B. die „Jehovas Zeugen" noch heute.

Auch im Talmud findet sich ein seltsamer Hinweis auf Riesen:

„Er sprach zu mir: ›Ich will dir zeigen, wo die Toten der Kinder Israel liegen, die mit Mose vierzig Jahre durch die Wüste gewandert sind.‹ Als wir an die Stelle kamen, fanden wir die Toten auf dem Rücken liegend, als wenn sie in der Trunkenheit eingeschlafen wären. Einer hatte das Bein hochgestellt, dass unter dem Knie eine Höhlung entstand, die so groß war, dass der Beduine mit seinem Kamel und seinem erhobenen Speer hindurchschreiten konnte, ohne das Bein zu berühren." [113]

Gott bzw. die Götter mischen sich weiter in die Menschheitsentwicklung ein. Im Kapitel 11 heißt es in der Tora im Zusammenhang mit dem Turmbau zu Babel:

„Wohlan, lasst uns hinabsteigen und dort verwirren ihre Sprache, dass sie nicht verstehen einer die Sprache des anderen. Und HaSchem zerstreute sie von dort über die Fläche der ganzen Erde, und sie standen ab

die Stadt zu bauen".

Warum Gott eine Sprachverwirrung schuf, bleibt sein Geheimnis. Damit legte HaSchem sicher auch den Grundstein für die vielen unterschiedlichen ethnischen Gruppen, die sich später immer wieder bekriegten. In den folgenden Kapiteln werden diese tödlichen Auseinandersetzungen im Detail beschrieben. Und noch einmal gab es eine Strafaktion und HaSchem löschte die Städte Sodom und Gomorrha aus (Kapitel 19):

„Und HaSchem ließ regnen auf Sedom und auf Amorah Schwefel und Feuer von HaSchem vom Himmel, und zerstörte diese Städte und den ganzen Umkreis, und alle Einwohner der Städte und das Gewächs des Erdbodens."

HaSchem wurde immer wieder aktiv:

„Der Erstgeborene Jehudahs, war missfällig in den Augen von HaSchem, und HaSchem tötete ihn" (Kapitel 38).

Im 1. Buch Mose im 6. Teil wird die Geschichte der Menschen aber noch seltsamer weitergeführt. Plötzlich erscheinen da die „Kinder Gottes", welche die Töchter der Menschen zu Weibern nahmen, *„welche sie wollten".* Daraus entstanden *„Gewaltige und berühmte Männer".* Gemeint war damit wohl, dass dann auch riesenhafte *„Tyrannen"* die Erde bevölkerten. Anstatt aber die Täter („die Kinder Gottes") zu bestrafen, wollte Gott *„der HERR"* nach einer Frist von 120 Jahren die Opfer bestrafen und zusammen mit den erschaffenen Tieren von der Erde *„tilgen"*, weil sie *„boshaft"* und *„böse"* seien. Wer soll diese Reaktion eines Gottes verstehen können?

Wer waren „die Götter" der Vorzeit?

Lange bevor es die Aufklärung auf der Basis von wissenschaftlichen Methoden gab, haben die Menschen nach Erklärungen für die Naturkräfte und das Sterben gesucht. Naturreligionen lieferten zwar noch kein geschlossenes Weltbild, aber durch Personifizierung der Naturkräfte als Gottheiten gab es schon früh die Möglichkeit, Wünsche zu adressieren.

Wenn der Regen ausblieb, dann konnte man sich an einen Regengott wenden. Um die Auswirkungen von Stürmen, Blitz und Donner zu vermindern, konnte der „Zorn" eines Gottes durch Opfergaben gedämpft werden. Zur Erhöhung der Bodenfruchtbarkeit konnte wiederum eine andere Gottheit angerufen werden usw. Der Fantasie waren keine Grenzen gesetzt. Jede ethnische Gruppe hatte eigene Gottheiten und Rituale. Daraus erwuchs auch die Macht der jeweiligen Priesterkaste.

Die Gottheiten waren oft sehr menschenähnlich. Es gab viel Neid und Eifersucht und sie führten auch Kriege gegeneinander. Viele Geschichten und Mythologien entstanden, um sich die Welt der Götter besser vorstellen zu können. Die Geschichten, die um die Götter kreisen, werfen auch einen Blick auf das Selbstverständnis der Menschen.

Der oberste Gott der Griechen Zeus soll z.B. von den Titanen Kronos und Rhea erzeugt worden sein. Die Titanen sollen hingegen das Ergebnis der Vereinigung des personifizierten Himmels (Uranos) und der personifizierten Erde (Gaia) sein. Kronos soll alle seine Kinder gleich nach der Geburt verschlungen haben, weil er fürchtete, sie könnten ihn entmachten. Rhea gelang es dann, ihm den neugeborenen Zeus vorzuenthalten, indem sie Zeus in einer Höhle auf Kreta gebar und Kronos einen in eine Windel gewickelten Stein vertilgen ließ. Zeus gelang es später mit einer List, dass Kronos die verschluckten Kinder wieder auswürgte. Die Verehrung von Zeus und der übrigen Gottheiten des Olymp endete etwa 600 n. Chr.. In der Philosophie der Antike war Zeus auch ein Symbol für die Urkraft und den Grund für die Existenz der Welt.

Der Hauptgott der nordischen Völker soll Odin oder Wotan gewesen sein. Belege gibt es nur ab 725 n. Chr. Begleitet wurde er oft durch zwei Raben (Hugin und Munin), die das Denken und die Erinnerung symbolisieren sollen und zwei Wölfe (Geri und Freki) als Synonym für Gier und Gefräßigkeit. Odin soll alle Ereignisse in der Welt sehen können, soll den Krieg in die Welt gebracht haben und sich unsichtbar an jedem gewünschten Ort aufhalten können.

Der Hinweis im 1. Buch Mose auf die „Kinder Gottes" passt nicht so richtig zu einer monotheistischen Glaubenslehre. Auch passt die Darstellung eines enttäuschten und zornigen Gottes nicht zu dem Bild eines allmächtigen und allwissenden Wesens. Warum hat sich dieses Wesen dann mehrfach in die Geschichte der Menschen eingemischt und den freien Willen seiner erschaffenen Menschen in Frage gestellt? Nicht nur die Sintflut, sondern auch die Sprachverwirrung im Zusammenhang mit dem Turmbau zu Babel und die Zerstörung von Sodom und Gomorrha belegen einen Gott, der mit seiner Schöpfung hadert. Auch 3000 Götzendiener des Goldenen

Kalbs sollen wegen der Missachtung göttlicher Regeln getötet worden sein. Wie passt dieser Gott zum Gott des Neuen Testaments, der seinen Sohn von den Menschen ans Kreuz nageln lässt?

Vielleicht ist das alles nur das Ergebnis mangelnder Lektorarbeit? Schließlich hat die Bibel viele menschliche Schreiber, Übersetzer und priesterliche Abschreiber erlebt. Auch bei der Übersetzungsarbeit vom Hebräischen, Aramäischen, Altgriechischen und Lateinischen ins Deutsche (von Martin Luther im 16. Jh.) sind sicher noch viele Fehler entstanden und natürlich auch „zeitgemäße" Korrekturen am Inhalt vorgenommen worden. Alte Schriften wie die „Apokryphen" wurden gar nicht erst aufgenommen, weil sie nicht in das damalige Weltbild passten oder nicht verstanden wurden. Trotzdem gilt die Bibel als „Gottes Wort".

In den Heiligen Schriften unserer Vorfahren ist oft von „Göttern" die Rede, denen man nicht folgen soll. Es wird nicht gesagt, dass es nur einen Gott gibt. Der Gott der Bibel stellt sich selbst als „Gott deines Vaters" oder „Gott deiner Väter" (der Gott Abrahams, Isaaks und Jakobs) vor und erwartet, dass man nur ihm opfert und huldigt.

Dieser Gott ist nicht der Gott aller Menschen, sondern nur der „Herr" des Volkes von Israel, das er selbst ausgewählt hat. Dieser Gott sieht dieses auserwählte Volk als sein Eigentum an:

„Werdet ihr nun meiner Stimme gehorchen und meinen Bund halten, so sollt ihr mein Eigentum sein vor allen Völkern." (Moses 19.5)

„So sollst du nun wissen, dass der HERR, dein Gott, ein Gott ist, ein treuer Gott, der den Bund und die Barmherzigkeit hält denen, die ihn lieben und seine Gebote halten, in tausend Glieder." (Mose 7.9)

Im Alten Testament der Luther-Bibel finden sich beispielsweise noch folgende Aussagen:

„HERR, wer ist dir gleich unter den Göttern? Wer ist dir gleich, der so mächtig, heilig, schrecklich, löblich und wundertätig sei?" (Mose 15-11)

„Nun weiß ich, daß der HERR größer ist denn alle Götter, darum daß sie Hochmut an ihnen geübt haben." (Mose 18-11)

„Wer den Göttern opfert und nicht dem HERRN allein, der sei verbannt." (Mose 22-20)

Auch in der hebräischen Thora finden sich ähnliche Aussagen:

„Wer den Göttern, außer für HaSchem allein, opfert, hat das Leben verwirkt." (Thora 22-19)

„So bücke dich nicht nieder vor ihren Göttern, und diene ihnen nicht, und tue nicht nach ihren Taten; sondern niederreißen sollst du sie und zertrümmern ihre Standbilder."(Thora 23-24)

„Schließe mit ihnen und ihren Göttern keinen Bund." (Thora 23-32)

Gott ist nicht allein. Offensichtlich gab es auch noch andere Götter, zu denen er in Konkurrenz stand. Er hatte auch noch die „Engel" als Vermittler und Gehilfen zur Seite. Diese können die Menschen aus dem Himmel heraus ansprechen, ihnen erscheinen und sie töten:

„Mose aber hütete die Schafe Jethros, seines Schwiegervaters, des Priesters in Midian, und trieb die Schafe hinter die Wüste und kam an den Berg Gottes, Horeb." (Mose 32.1)

„Und der Engel des HERRN erschien ihm in einer feurigen Flamme aus dem Busch. Und er sah, dass der Busch mit Feuer brannte und ward

doch nicht verzehrt". (2. Mose 3.2)

„So dann für ihn ein Engel als Mittler eintritt, einer aus tausend, zu verkündigen dem Menschen, wie er solle recht tun." (Hiob 33.23)

„Da fuhr aus der Engel des HERRN und schlug im assyrischen Lager hundertfünfundachtzigtausend Mann. Und da sie sich des Morgens früh aufmachten, siehe, da lag's alles eitel tote Leichname." (Jesaja 37.36)

Der Gott Israels hat in der Bibel auch noch einen zweiten Namen „Zebaoth":

„So spricht der HERR, der König Israels, und sein Erlöser, der HERR Zebaoth: Ich bin der Erste, und ich bin der Letzte, und außer mir ist kein Gott." (Jesaja 44.6)

„Aber der HERR ist der Gott Zebaoth; HERR ist sein Name." (Hosea 12.5)

Im Buch Henoch wird Gott als „Gott der Götter" bezeichnet:

„Dann sagten sie zu ihrem Herrn, dem Könige: Herr der Herren, Gott der Götter, König der Könige!" (Henoch Kapitel 9.3)

Ursprung des Monotheismus

Ursprünglich gab es also unterschiedliche Götter mit verschiedenen Aufgaben und Rollen. Die „Engel" waren so mächtig, dass sie 185.000 Assyrer töten konnten. Warum wurde dann der Monotheismus erfunden und warum dann nur noch eine Gottheit verehrt?

Es gibt viele Hinweise darauf, dass die Geschichten aus der Bibel ursprünglich im alten Ägypten entstanden und dann für das Volk

Israel angepasst worden sind. Deshalb möchte ich hier einen kurzen Schwenk in die ägyptische Geschichte vornehmen, da diese mit der Geschichte Israels verbunden war.

Um 3000 v. Chr. soll der oberägyptische König Menes Unterägypten besiegt und damit als Erster das Reich geeinigt haben. Viele Experten bezweifeln allerdings, ob Menes existierte. Selbst der Name steht nicht fest. Überliefert sind auch andere wie Aha oder Narmer.

Erich von Däniken hat sich intensiv mit den verschiedenen „Königslisten" der ägyptischen Pharaonen beschäftigt. [100] Danach sind in der „Königsliste von Abydos" 76 Herrscher bis zu Sethos I. aufgeführt. Bei Herodot finden sich allerdings Königsnamen, die hier nicht aufgeführt sind. Der Geschichtsschreiber Manetho hat etwa 300 v. Chr. eine Königsliste erstellt, die eine Zeitspanne von 24.925 Jahren umfasst (!). Nach einer sumerisch-babylonischen Königsliste sollen zehn „Urkönige" von der Erschaffung des Menschen bis zur Sintflut insgesamt 456.000 Jahre regiert haben. Dann könnte die Geschichte über die Anunnaki doch stimmen? Diese Götter müssten dann nicht den Homo sapiens sondern eine Homo-Rasse davor erschaffen haben, die als ausgestorben gilt. In einem Tempel in Palenque (Mexico) soll sogar ein König beschrieben worden sein, der vor 1,2 Mio. Jahren lebte. Dazu gibt es keine archäologischen Hinweise.

Platon, Herodot und die Maya berichteten davon, dass die Sonne zwischendurch auch mal im Westen aufgegangen sein soll. Alles in Verbindung mit großen Naturkatastrophen. Heute weiß man, dass es etwa alle 500.000 Jahre einen sogenannten Polsprung gibt. Der letzte Polsprung soll allerdings 780.000 Jahre her sein. Welche Auswirkungen damit verbunden sein könnten, werden aber unterschiedlich beurteilt.

Bisher nehmen unsere Historiker diese Hinweise nicht ernst, da wir davon ausgehen, der Homo sapiens wäre vor 60.000 Jahren durch eine Mutation entstanden. Wer nach einer historischen Gründerfigur für das alte Ägypten sucht, landet deshalb eher bei Djoser, dem Begründer der dritten Dynastie. Er hinterließ Inschriften, die auch über seine Familie Auskunft geben.

Nur der König konnte im alten Ägypten zu den Göttern direkt in Kontakt treten. Er war der Mittler zwischen ihnen und den Menschen. Mit dem Tod wurde er sogar selbst zu einem Gott. Damit man sich an den jeweiligen Gott auch später erinnert, sollen die Pharaonen schon zu Lebzeiten dafür gesorgt haben, dass ihre Macht auch durch Kolossalbauten erhalten bleibt.

Der Ursprung der Bibel in Ägypten

Für das in der Bibel geschilderte Exil des Volkes Israel im Pharaonenreich gibt es zwar historische Anknüpfungspunkte. Doch letztlich ist die Erzählung größtenteils fiktiv, es existieren keine außerbiblischen Quellen. [101] Die Exodus-Forschung datiert die mythischen Ereignisse rund um den Auszug aus Ägypten ungefähr um 1300 v. Chr.. Aufgezeichnet wurden sie erst viel später, wohl erst nachdem die Babylonier unter König Nebukadnezar II. Jerusalem erobert und den Tempel 586 v. Chr. zerstört hatten. Zahlreiche Exilanten flohen daraufhin nach Ägypten, unter ihnen laut Bibel der jüdische Prophet Jeremia.

Ab da begann sich bei den Hebräern, die lange an mehrere Götter geglaubt hatten, das Bekenntnis zum einzigen Schöpfergott Jahwe und damit der Monotheismus weitgehend durchzusetzen.

Der Glaube an den einen Gott ist offensichtlich eine ägyptische Erfindung. Schon um 1350 v. Chr. hatte Pharao Echnaton den Gott Aton an die Spitze der Götterwelt gestellt und mit einer Sonnenscheibe dargestellt. Dieses solare Symbol war während des 8. Jahrhunderts v. Chr. auch im Jahwe-Glauben verbreitet. Bei Ausgrabungen im Heiligen Land stießen Archäologen auf Siegel und Vorratskrüge jener Zeit, auf denen die Sonnenscheibe häufig abgebildet ist. Die Darstellung der Leben spendenden Sonne zeigt einen Greifvogel, dessen Flügel wie Strahlen wirken.

Die Sonnensymbolik des alten Ägypten findet sich auch in den Schriften der Bibel wieder. Als »Sonne der Gerechtigkeit« bezeichnet ihn der biblische Prophet Maleachi.

„Euch aber, die ihr meinen Namen fürchtet, soll aufgehen die Sonne der Gerechtigkeit und Heil unter ihren Flügeln.“ (Maleachi 4.2)

Angesichts der kulturellen Beziehungen zwischen Ägypten und dem Volk der Israeliten im 2. und 1. Jahrtausend v. Chr. ist das wenig verwunderlich: Der ägyptische Einfluss auf die Autoren des Alten Testaments war groß. Immer wieder übernahmen sie Geschichten aus dem Schriftgut des Pharaonenreichs. Es gibt zahlreiche Parallelen, etwa zwischen den biblischen Psalmen und den ägyptischen Hymnen zur Anbetung Gottes. Oder zwischen dem Buch Hiob und dem »Totenbuch«, dessen Sprüche zur Grabausstattung wohlhabender Ägypter gehörten. Der Historiker Felix Bohr kommt bei seinen Recherchen zu folgendem Ergebnis:

„Einer der bedeutendsten altägyptischen Mythen ist jener um die Göttin Isis und ihren Gatten Osiris. Isis gelingt es, ihren toten Mann wieder zum Leben zu erwecken, und empfängt von ihm den Göttersohn Horus. Es ist eine Geschichte, in der die Auferstehung und das ewige Leben über den Tod siegen, das Gute über das Böse, das Licht über die Finsternis.

Zahlreiche zeitgenössische Darstellungen und Plastiken zeigen die Muttergottheit Isis beim Stillen ihres göttlichen Kindchens Horus, das vor ihr steht oder in ihren Armen liegt. Die Bildsprache wurde später auf die christliche Gottesmutter Maria und ihren Sohn Jesus übertragen.

Denn auch für das Neue Testament blieb Ägypten ein wichtiger Bezugspunkt. Als König Herodes von Sterndeutern aus dem Osten erfährt, dass in Jesus von Nazareth ein neuer König der Juden geboren sei, fürchtet er den Verlust seiner Macht und befiehlt, alle kleinen Jungen Bethlehems zu töten. So steht es im Matthäusevangelium. Maria und Josef können mit ihrem Neugeborenen nach Ägypten fliehen, wo Jesus den Kindermord des Herodes überlebt.

Der Überlieferung nach war es der Apostel Markus, der das Christentum im 1. Jahrhundert nach Ägypten brachte. Weil der christliche Glaube auch Elemente altägyptischer Mythen übernahm, fand er hier schnell neue Anhänger. Im 3. Jahrhundert war der überwiegende Teil der Ägypter zum Christentum übergetreten, eine Entwicklung, die erst durch die islamisch-arabischen Eroberungen des 7. Jahrhunderts ge-

stoppt wurde. Während christliche Fundamentalisten die Exodus-Geschichte oft wörtlich nehmen, sind Historiker und Bibelarchäologen weitgehend einig, dass es den Auszug so nicht gegeben hat – es fehlen alle außerbiblischen Belege.

Der Symbolwert des Auszugs war in jedem Fall groß: Die Geschichte diente dem Volk Israel nach dem Babylonischen Exil als eine Art Gründungsmythos. Bis heute bildet die Episode ein Hauptelement der jüdischen Heilsgeschichte. Jährlich zum Pessach-Fest gedenken die Juden sieben Tage lang des Auszugs aus Ägypten und der Befreiung der Israeliten von der Unterdrückung." [102]

Aus Ägypten stammen die wichtigsten vollständig konservierten Bibelhandschriften, darunter der »Codex Vaticanus« aus dem 4. Jahrhundert.

Die Götter Ägyptens haben sicher eine große Wirkung auf die Israeliten ausgeübt. Schließlich sollen sie 430 Jahre unter der Herrschaft der Pharaonen gelebt haben. Dort gab es den Gott Atum, der am Anfang den Luftgott Schu und die Feuergöttin Tefnut und danach noch sieben andere Gottheiten erschaffen haben soll. Atum war damit der „Gott der Götter" in Ägypten. Atum wurde etwa ab 2500 v. Chr. als Sonnengott Re und danach noch als Amun bezeichnet. Ab 2000 v. Chr. wurde daraus der Schöpfergott Amun-Re.

Daneben gab es noch den Erdgott Geb, die Himmelsgöttin Nut, den Totengott Osiris, dessen Gemahlin Isis, deren Sohn Horus, den Osiris-Bruder und Mörder Seth, die Göttin Nephthys (Schwester von Osiris) und ihr Sohn Anubis, dem Herrn der Nekropolen. Neben Atum bzw. Amun-Re gab es eigentlich 10 Götter. Da Seth aber nach der Ermordung seines Bruders Osiris nach einem Göttergericht verbannt wurde, spricht man nur von 9 Göttern neben dem Schöpfergott.

Unter der Herrschaft des Pharaos Echnatons (1365 bis 1347 v. Chr.) wurde für knapp 2 Jahrzehnte der Sonnengott Aton zum einzigen Gott. Das war die Geburt des Monotheismus. Der Aton-Kult wurde allerdings von Echnatons-Nachfolger Tutanchamun beendet. Die religiöse Hauptstadt wanderte von Amarna wieder zurück nach Memphis. Die Priester des Amun hatten gesiegt und ihre alten Gottheiten wieder eingeführt.

Die Israeliten haben allerdings Gefallen an dem Monotheismus gefunden und ihre eigene religiöse Geschichte entwickelt. Dabei haben sie offensichtlich viele Elemente und Geschichten aus anderen Kulturen übernommen.

Was bedeuten die religiösen Botschaften heute?

Die christlichen Weltreligionen haben die Chance verpasst, eine echte Reform der widersprüchlichen Bibel-Botschaften einzuleiten und auf die heutigen Lebensverhältnisse anzupassen. Versäumt wurde es auch, die Bibel um die verschiedenen Zensurmaßnahmen, die die katholische Kirche im Laufe der Zeit durchgeführt hat, zu überprüfen. Die verschiedenen Bibel-Übersetzungen im deutschsprachigen Raum sind da auch keine Hilfe.

Die Leistung der Übersetzer der „Gute Nachricht Bibel" in ein modernes, einfaches Deutsch ist anerkennenswert. Besonders lobenswert ist sicher auch der Versuch, „eine Sprachform zu finden, die Frauen nicht diskriminiert oder ausgrenzt ... Dass die Bibel aus einer patriarchalisch bestimmten Welt kommt, ist eine Tatsache." [103] Diese sprachlichen Glättungen lösen allerdings nicht das Glaubwürdigkeitsproblem, dass heute alle alten religiösen Schriften haben. Während sich die Muslime und Juden bemühen, die „Auge um Auge"-Philosophie des Alten Testaments umzuinterpretieren und weichzuspülen, haben die Christen mit dem Neuen Testament neben dem Alten Testament eigentlich eine bessere Ausgangsbasis, um eine sinnvolle spirituelle und politische Botschaft zu entwickeln, die den heutigen Verhältnissen angepasst wäre. Man hält aber dogmatisch an der alten Zusammenstellung fest.

Viele Christen in Deutschland sind enttäuscht von ihren Kirchen.

Besonders die aufgedeckten zahllosen Missbrauchsfälle haben diesen Prozess noch verstärkt. Einige klammern sich auch etwas hilflos an ihre Glaubenssätze wie z.B. der bekannte Fernsehmoderator und Diplomtheologe Peter Hahne (* 1952). In seinem Buch „Schluss mit euren ewigen Mogelpackungen" schreibt er:

„Die Auferstehung ist die tiefste Wahrheit im Evangelium. Ostern ist die härteste Währung auf dem Markt der Hoffnungen…Ostern war nachprüfbar - das hat kein anderes historisches Ereignis der Antike von dieser Dimension zu bieten." [104]

Da hat Herr Hahne wohl ein wenig zu dick aufgetragen. Es gibt zwar einige archäologische Belege, dass Jesus tatsächlich am Kreuz gestorben ist. Seine Wiederauferstehung ist allerdings nur eine Geschichte, die später von seinen Aposteln erzählt wurde und wesentlich zur schnellen Entwicklung des Christentums beigetragen hat. Damit bleibt Ostern eine Sache des Glaubens.

Entscheidend sind doch nicht die Wunderberichte und schwer verständliche Gleichnisse, sondern die spirituellen und eventuell sogar politischen Botschaften.

Der ehemalige Bundesminister und Jesuit Heiner Geißler (1930 – 2017) hat in seinem Buch „Was würde Jesus heute sagen?" den Versuch unternommen, die Botschaften Jesu für die heutige politische Welt anzuwenden. Als zentralen Kern bezieht er sich dabei auf die sogenannte Bergpredigt in Matthäus 5:

„Die Forderung der Nächsten- und Feindesliebe ist neben dem neuen Bild vom Menschen der revolutionäre Kern der evangelischen Botschaft". [105]

Heiner Geißler sah insbesondere zwei große irdische Aufgaben für die Religionen:

„Sie müssen sich massiv in die Diskussion um eine gerechte Weltwirtschaftsordnung einschalten, um die Exzesse des globalen Kapitalismus zu beseitigen. Und sie müssen endlich auf allen Ebenen die Gleichberechtigung der Frauen akzeptieren und unterstützen“. [106]

Bis heute sieht es nicht danach aus, dass unsere Kirchen sich mit diesen „irdischen“ Aufgaben beschäftigen wollen. Wie in den Naturwissenschaften fehlt der Mut zu einem Paradigmenwechsel und zu einer ehrlichen Inventur.

Müsste die Bibel reformiert werden?

Die vielen Widersprüche in den Bibeltexten scheinen die meisten Gläubigen nicht als Problem anzusehen. Der Vorteil ist, dass man insbesondere für die Predigten immer irgend eine schöne Geschichte findet, um sie mit der aktuellen Entwicklung in Beziehung zu setzen. Die letzte Reform liegt jetzt 500 Jahre zurück und führte zur Spaltung der Kirche in Protestanten und Katholiken. Vor diesem Hintergrund kann nachvollzogen werden, dass man das Thema Reformstau nicht so gerne anspricht.

Die katholische Journalistin Birgit Kelle möchte beispielsweise lieber zum eigentlichen Inhalt der Bibel zurückkehren und den aktuellen Bezug zu heutigen Themen eher vermeiden:

„Weniger Klimarettung, Gender-Gerechtigkeit und Weltpolitik und stattdessen mehr Antworten, Auferstehung, Vergebung. Einfach wieder mehr Jesus wagen.“ [107]

Der Theologe und Historiker Benjamin Hasselhorn meint:

„Vor allem junge Erwachsene kehren der Kirche den Rücken. Sie haben nicht die Erfahrung gemacht, dass die Kirche ihnen ernsthafte Orientierung in existenziellen Fragen bietet." [108]

Der Bremer Pastor Olaf Latzel (St. Martini-Gemeinde) sieht das Hauptproblem darin, dass die Bibel in Zweifel gezogen wird:

„Die Kirche ist ein Geschöpf des Wortes Gottes (creatura verbi). Sie gedeiht und blüht, wo man diesem Wort uneingeschränkt Vertrauen schenkt und danach lebt. Doch sie stirbt, wo man die Bibel in Zweifel zieht." [109]

Der ehemalige Oberkirchenrat Klaus Baschang fordert eine Strukturreform:

„Wir brauchen eine missionarische Reform unserer Kirchenstrukturen … Die Ortsgemeinden müssen endlich entscheiden dürfen, welche Themen für sie relevant sind." [110]

Der Stadtdechant Dr. Wolfgang Picken (Bonn) sieht keine Reformnotwendigkeit:

„Die Kernaussagen des Christentums sind hochaktuell. Umweltschutz und Nachhaltigkeit … Sie finden sich bereits auf den ersten Seiten der heiligen Schrift. Der Mensch muss Gottes Schöpfung bewahren und in Harmonie mit ihr leben, wenn er überleben will." [111]

Auch der Pfarrer Rainer Maria Schießler aus München möchte keine Anpassung der biblischen Botschaften an die Neuzeit:

„Wir brauchen keine neue Botschaft. Im Evangelium steckt alles drin, was wir zu einem glaubhaften Christenleben brauchen." [112]

Der katholische Redakteur der Süddeutschen Zeitung Matthias Drobinski kann sich die zunehmende Kritik an den Kirchen erklären:

„Es treten dort selbst Menschen aus, die sich als gläubig beschreiben – weil sie der Institution nicht mehr vertrauen, weil der Skandal um die sexualisierte Gewalt durch Priester und Ordensleute immer weiter geht, weil der Papst verbieten will, schwule und lesbische Paare zu segnen." 113

Drobinski sieht zwar, dass der Tod von Jesus Christus historisch verbürgt ist, aber die Auferstehung eine reine Glaubenssache bleibt. Er befürchtet, dass sich eine säkular gewordene Gesellschaft irgendwann für eine strikte Trennung von Staat und Kirchen entscheiden könnte. Die Folgen könnten dann sein: Kein Religionsunterricht an den Schulen, keine Theologischen Fakultäten an den Universitäten, keine religiös geführten Krankenhäuser und Sozialstationen. Ein Zurückweichen des christlichen Einflusses aus dem öffentlichen Leben würde auch dazu führen, dass die religiöse Deutung der Welt verblassen könnte. Drobinski: „Es geht das Gottesgerücht verloren".

Der ehemalige CDU-Generalsekretär Heiner Geißler hatte auch Philosophie an einer jesuitischen Hochschule studiert und versucht, die Botschaft des Neuen Testaments in seine politischen Arbeit zu integrieren. Kurz vor seinem Tod sagte er in einem Zeit-Interview:

„Mich packt der heilige Zorn, wenn ich an die offizielle evangelische und katholische Theologie denke ... Was ist das für ein Gott, der in kauf nimmt, dass es Auschwitz und Pol Pot gibt, damit er geliebt werden kann?"

Das Christentum hat sich dank der Mythen und Legenden, die sich um Jesus ranken, weltweit ausgebreitet. Das Ostermärchen von der Auferstehung des „Gottessohns" hat zur Popularität des Neuen Testaments wesentlich beigetragen. Heute würde man sagen, dass diese Idee den Marketingerfolg dieser Religion maßgeblich begründet hat. Die Mystifizierung von Jesus hat aber auch dazu geführt, dass sich die drei abrahamitischen Religionen (Judentum, Christentum und Islam) aufgespalten haben und sich in der Vergangenheit und teilweise auch der Gegenwart bekriegten.

Nach der Religionsforschung gehört Jesus eigentlich gleichberechtigt auf die Bühne spiritueller Menschheitslehrer wie Abraham, Buddha, Mohammed und dem Dalai Lama (heute in der 14. Inkarnation).

Die Versuche der katholischen Kirche, die Geschichte des Gottessohns mit Reliquien zu belegen, hat nicht funktioniert. Spätestens nachdem bewiesen wurde, dass auch das Turiner Grabtuch eine Fälschung war, wäre eine Klarstellung erforderlich gewesen. Die Radiokohlenstoff-Messung des Tuchs ergab 1988 einen Herstellungszeitpunkt zwischen 1260 und 1390 und passt deshalb gut in die Zeit der ersten Präsentation 1357. Vorher ist das Tuch nie erwähnt worden. Wie diese Fälschung gelang, ist technisch noch nicht vollkommen geklärt. Wenn das Grabtuch allerdings tatsächlich den Leichnam von Jesus bedeckt hätte, dann müsste das Gesicht und der Körper verzerrt dargestellt sein. Das ist nicht der Fall. Das Tuch bildet den Menschen wie eine zwei-dimensionale Projektion ab.

Die meisten Christen wollen es sich nicht nehmen lassen, an Jesus als Gottes Sohn zu glauben, der uns durch seine Auferstehung die

Gewähr dafür bietet, dass wir nach unserem Tod im Jenseits mit der ewigen Liebe Gottes belohnt werden. Das passiert natürlich nur, wenn wir gottesfürchtige Menschen sind und uns vorbildhaft im Sinne des Neuen Testaments verhalten haben:

„Und sie wurden gerichtet, ein jeglicher nach seinen Werken." (Offenbarung 20-13)

Trennung von Staat und Kirche

Jede Glaubensgemeinschaft hat eigene überlieferte Regeln und Weltanschauungen. Solange diese nicht im Widerspruch zu den Gesetzen eines Staates stehen, werden diese Regelwerke im Rahmen der Religionsfreiheit grundsätzlich respektiert. Es gibt aber leider noch viele Staaten in der Welt, in denen die religiösen Gesetze Vorrang haben und nicht einmal das allgemeine Völkerrecht gilt.

Eine wirkliche Trennung von Staat und Kirche ist längst überfällig. Dies auch deshalb, weil der Koran mit seinen „göttlichen Gesetzen" für die Muslime einzuhalten ist, auch wenn sie den weltlichen Gesetzen widersprechen. Deshalb treten beispielsweise Konflikte im Zusammenhang mit der Gleichberechtigung von Frauen und den Tierschutzzielen besonders häufig auf.

Die Welt des Jenseits

Wir wissen, dass bestimmte psychogene Drogen wie LSD oder Psilocybin-haltige Pilze die Gehirntätigkeit beeinflussen, weil sie ähnlich wie das körpereigene „Glückshormon" Serotonin wirken. Da die halluzinogenen Wirkungen nicht abschätzbar sind, wurden diese Drogen in Deutschland ab 1967 bis heute verboten. Seit 2018 laufen in den USA verschiedene Forschungsprojekte zur Therapierung von behandlungsresistenten Depressionen. Möglicherweise werden diese Mittel in einem begrenzten medizinischen Bereich wieder zugelassen. Interessant ist, dass diese Stoffe die Wahrnehmung von Farben, Musik, Objekten und Zeit beeinflussen können.

Nachdem der Chemiker Albert Hofmann im Rahmen seiner Mutterkorn-Forschung 1938 diesen Stoff als LSD synthetisiert hatte, brachte die Firma Sandoz 1949 das Präparat unter dem Namen „Delysid" in den Handel.

Vor dem Verbot von LSD hatte ich die Gelegenheit, diesen Stoff als Jugendlicher auszuprobieren. Als 16-Jähriger hatte ich in der Schule schon etwas über den atomaren Aufbau der Materie gelernt, aber erst mit Hilfe dieser neuen Droge erfahren können. Natürlich sagt man, dass die ausgelösten Halluzinationen nur im Gehirn erzeugt werden. Ich hatte allerdings die physische Erfahrung gemacht, dass selbst die unbelebte Natur pulsierte und energetisch zu erspüren war. Musik und Farben erlebte ich in einer Intensität, die ich nicht für möglich gehalten hätte. Die Natur erschien mir als einheitlicher Organismus. Ich staunte über die Schönheit von Pflanzen und Insekten und konnte meinen Blick auf die Details scharf stellen. Das Bemerkenswerteste war allerdings meine veränderte Zeitwahrnehmung. Ich konnte mit einer Uhr nichts anfangen, obwohl mir bewusst war, dass dieses Teil etwas bedeutete. Für mich war der LSD-Rausch eine mystische und vielleicht sogar spirituelle Erfahrung. Ich bin mir erst später über die damit verbundenen Gefahren bewusst geworden, als ich einen Freund mit einem „Bad-Trip" erlebte. Trotzdem bleibt mir das Erlebnis mit dem Gefühl einer Zeitlosigkeit im Gedächtnis. Bis dahin hatte ich die Zeit als etwas Unabänderbares angesehen.

Fragt man Ethnologen, so erfährt man, dass die Menschen seit Urzeiten mit psychedelisch wirkenden Pflanzen experimentierten und diese für Rituale zum Zusammenhalt der Gemeinschaften nutzten. Die dadurch entstandenen spirituellen Erlebnisse von der Einheitlichkeit unserer Welt sind möglicherweise der eigentliche Grund für die Entwicklung von Religionen. Spirituelle Erlebnisse können allerdings auch durch Meditationstechniken oder schamanistische Rituale ausgelöst werden. Es gibt auch Medien, die in Trance einen besonderen Zugang zum „Jenseits" bekommen können.

Durch die Erfolge der Medizin haben in der heutigen Zeit sehr viele Menschen die Erfahrung von sogenannten „Nahtoderlebnissen" gemacht. Seit etwa 50 Jahren werden diese wissenschaftlich ausgewertet. Menschen, die spirituelle Erfahrungen gemacht haben, bekommen einen anderen Blick für die Wirklichkeit und ändern meistens ihre Lebensweise und ihre Lebensziele. Dabei gehören sie oft keiner Religionsgemeinschaft an oder treten sogar aus diesen Gemeinschaften aus.

Die Geschichten der verschiedenen Religionsstifter wie Jesus, Mohammed, Buddha und Moses zeigen, dass am Anfang besondere Erleuchtungserlebnisse standen. Die historische Bewertung der Entwicklung der sogenannten Weltkirchen zeigt, wie die religiösen Botschaften verändert worden sind, um machtvolle Strukturen und überlebensfähige Strukturen zu erzeugen. Dadurch wurden die spirituellen Botschaften der ehemaligen Propheten ergänzt und teilweise sogar durch weltliche Regelwerke ersetzt. An die Stelle dezentraler Religionsgemeinden sind zentrale Religionsverwaltungen mit elitären Strukturen getreten, die die Interpretationshoheit für sich in Anspruch nehmen. Teilweise wurden zentrale Rollen wie in einem weltlichen Staat geschaffen. An die Stelle eines Kaisers oder Präsidenten rückte dann ein Pabst, der lebenslang als Vermittler Gottes auf Erden gilt.

Der Koran durfte nach seinem Urheber Mohammed eigentlich nicht verändert werden und enthält einfache Regeln, die keiner Interpretation bedürfen. Die Widersprüchlichkeiten in den Mekka- oder Medina-Passagen haben allerdings früh dazu geführt, dass sich Koran-Gelehrte unterschiedlich zur Bedeutung einzelner Textpassagen äußerten. Das passiert auch heute noch. Je nach dem, aus welchem Kulturkreis ein Imam stammt bzw. welcher politischen Gruppe er sich zu ordnet, werden die Botschaften anders gedeutet. Noch dramatischer geht es im jüdischen Talmud zu. Auf tausenden von Seiten finden sich dort Interpretationen von Schriftgelehrten. Ohne ein jahrelanges Studium ist es eigentlich unmöglich, sich dazu eine eigene Meinung zu bilden.

Vor diesem Hintergrund ist es nicht verwunderlich, dass immer mehr Menschen sich von den klassischen Religionsgemeinschaften entfernen und oft nur aus Opportunitätsgründen noch Mitglied sind. Auch wenn immer mehr Menschen den Kirchen den Rücken zuwenden, haben sich viele davon ein sinnstiftendes „spirituelles Weltbild" erhalten. Oft lässt sich dies auf eigene mentale Erfahrungen zurückführen. Zunehmend wird diese Haltung aber auch durch ein neues naturwissenschaftliches Wissen verstärkt oder sogar neu geschaffen.

Die Angst vor dem Tod

Die Menschen in Deutschland haben einer Studie zufolge eine ausgeprägte Angst vor dem Sterben und finden gleichzeitig wenig Trost im Glauben. 60 Prozent der Deutschen fürchten den Tod. Dies ergab eine repräsentative Befragung der „Identity Foundation" aus Düsseldorf in Zusammenarbeit mit dem Lehrstuhl für Soziologie an der Hohenheimer Universität in Stuttgart. Diese Angst taucht schon in jungen Jahren auf: 42 Prozent der deutschen Teenager sehen dem Tod mit Angst entgegen. Trost im Glauben findet nur jeder vierte Deutsche (27 Prozent).

Die meisten Deutschen lehnen es ab, sich überhaupt mit Sterben und Tod zu beschäftigen. 75 Prozent der Männer verdrängen jeglichen Gedanken an den Tod, bei den Frauen sind es 63 Prozent. Nur ein knappes Drittel der Deutschen räumte in der Studie ein, häufiger über das Sterben nachzudenken. Selbst im Alter nimmt die Bereitschaft, sich mit dem Tod auseinanderzusetzen, nicht wesentlich zu. Die Befragung ergab, dass jeder Zweite der über 70-Jährigen das

Thema ausblendet.

Dieses Verhalten ist verständlich, da die wenigsten gläubigen Menschen im Westen davon ausgehen, dass das Leben nach dem Tod noch weiter gehen könnte. Viele Christen befürchten sogar eine Art jenseitiges Gericht und vielleicht auch die ewige Verdammnis in der Hölle. Gläubige Hindus und Buddhisten haben weniger Angst vor dem Tod, da sie an eine Wiedergeburt glauben. Diese Idee wurde im 6. Jahrhundert aus der Bibel der Christen verbannt.

Konzil von Konstantinopel

Im Jahre 553 haben sich christliche Bischöfe in Konstantinopel zu einem „5. Ökumenischen Konzil" getroffen, um über die Auslegung einzelner Bibelstellen zu entscheiden. In der Bibel gab es viele Hinweise auf die Existenz der Wiedergeburt der menschlichen Seele.

Auf dem Konzil in Nicaea im Jahre 325 wurde der Antrag auf Streichung dieser Hinweise noch mit Mehrheit abgelehnt. 553 hat sich aber der damalige Kaiser Justinian I. persönlich für diese Zensur eingesetzt. Es stand ganz unten auf der Tagesordnung. Mit der Mehrheit der Anwesenden sprach man sich diesmal für die Streichung aus. Da aber viele Konzilsväter schon abgereist waren, findet sich diese Entscheidung nicht im offiziellen Protokoll wieder.

Trotzdem wurden die betreffenden Bibelstellen seitdem geändert und der Glaube an die Reinkarnation getilgt. Man lehrte fortan die Reinwaschung von allen Sünden durch Christi Blut und führte die Vergebung der Sünden durch Kirchenobere nach der Beichte ein.

Im Mittelalter konnte man sich auch durch Ablasszahlungen davon freikaufen. Dies war – zumindest für Leute, die es sich leisten konnten – eine sehr bequeme Methode, um die Folgen schlechter Taten zu beseitigen.

Die Vorstellung von Wiedergeburt und Karma hätte bedeutet, dass Wiedergutmachung nur mit Hilfe von Einsicht und guten Taten erfolgen könne. Davon hätte die Kirche aber keinen finanziellen Nutzen gehabt. Trotzdem glaubt der größte Teil der Weltbevölkerung weiterhin an die Wiedergeburt der Seele. Auch bei den Christen spielt diese Vorstellung immer noch eine große Rolle.

Das Tibetanische Totenbuch Bardo Thödol

Im Hinduismus und Buddhismus ist das Thema Wiedergeburt ein fester Bestandteil der Religionsauffassung. Danach soll es sogar möglich sein, in Tieren wiedergeboren zu werden. Das ist für uns allerdings nicht vorstellbar.

Im tibetischen Buddhismus spielt die Reinkarnation auch bei der Auswahl des reinkarnierten Dalai Lamas eine große Rolle. In Tibet wird unterstellt, dass nach dem Tod eines Dalai Lama seine Wiedergeburt aufgefunden werden kann. Hierfür werden von der Ordensführung Findungskommissionen autorisiert, die aus hochrangigen Mönchen bestehen. Der jetzige vierzehnte Dalai Lama (Tenzin Gyatso *1940) wurde nach einer Vision und anderen Vorzeichen gefunden. Der erste Dalai Lama war Gendün Drub (1391-1474).

Die tibetischen Buddhisten gehen davon aus, dass jeder Mensch nach seinem Tode entweder wiedergeboren wird oder als nicht-materielle Wesenheit in anderen Dimensionen weiter existiert. Das Tibetanische Totenbuch dient zur Unterweisung der Verstorbenen. Der Psychologe Carl Gustav Jung (1875-1961) hat in der Einführung zur deutschen Übersetzung folgendes dazu beschrieben:

„Der Bardo Thödol ist ein Buch der Belehrung des eben Gestorbenen. Es soll ihm als Führer durch die Zeit der Bardo-Existenz - ein Zwischenzustand von symbolischen 49 Tagen Dauer zwischen Tod und Wiedergeburt - dienen. Bardo Thödol ist keine Begräbnis-Zeremonie, sondern eine Belehrung der Toten, ein Führer durch die wechselnden Erscheinungen des Bardo-Lebens ... Der Bardo Thödol war ein geheimes Buch und ist es geblieben, was wir immer für Kommentare darüber schreiben.“ [114]

Der mündlich überlieferte „Bardo Thödol" soll zum ersten Mal von dem buddhistischen Schriftgelehrten Padmasambhava (auch Guru Rimpoche genannt) im 8. Jahrhundert niedergeschrieben worden sein. Er gründete auch das erste buddhistische Kloster in Samye in Tibet.

Die Tibeter gingen wie selbstverständlich davon aus, dass wir nach dem Tod in einen materielosen Zustand übergehen, um danach wiedergeboren zu werden. Der Begriff „Bardo" bezeichnet eine Situation zwischen zwei Zuständen, nämlich zwischen Tod und Wiedergeburt.

Nach der Vorstellung des tibetischen Buddhismus gibt es einen Bewusstseinskern im Menschen, der den Tod überdauern kann. Dieser „Wisser" ist der in uns selber unparteiisch beobachtende Teil unseres

Bewusstseins. Dazu würden wir heute das Ich-Bewusstsein oder das Selbst sagen. Dieser Thödol ist die Lehre, durch die die „Buddhaschaft" ohne Meditation erreicht werden kann. Es ist auch die Lehre, die selbst die Wesen von sehr schlechtem Karma auf den „Geheimen Pfad" führt. Das Bardo Thödol soll dem Sterbenden klar und deutlich ins Ohr gesprochen werden. Auch wenn man sich zu Lebzeiten wenig mit spirituellen Inhalten und Techniken beschäftigt hat, erfährt man wenigstens zum Zeitpunkt des Todes, was nun auf einen zukommt. Das ist eine Form der Seelsorge, die einem Menschen wirklich helfen kann, den Gang durch dieses Zwischenreich bis zur Wiedergeburt zu meistern.

Im Bardo Thödol wird der Sterbevorgang wie folgt beschrieben:

„*Wenn die Ausatmung aufhört, sinkt die Lebenskraft in das Nervenzentrum der Weisheit, und der Wisser erlebt ein klares Licht in seiner ursprünglichen Beschaffenheit. Alle Dinge sind wie der leere Himmel, wie ein durchsichtiges Vakuum ohne Umkreis oder Mittelpunkt ... Der Besitzer jener Art von Körper wird diejenigen sehen, die er zuvor auf der Erdebene gekannt hat. Er sieht auch Verwandte, wie man sie in Träumen sieht ... Du siehst dein eigenes Haus, die Verwandten und deinen Leichnam und du denkst: Jetzt bin ich tot, was soll ich tun? Und das bedrückt dich. Und in diesem Gedanken wanderst du hin und her und suchst einen Körper ... Da du keinen Platz hast, in den du eingehen kannst, bist du unzufrieden und hast die Empfindung, dass du in Spalte und Risse zwischen Felsen und Blöcken hineingedrückt wirst.*" [115]

Wenn die Ausatmung aufhört, sinkt die Lebenskraft in das „Nervenzentrum der Weisheit", und der „Wisser" erlebt ein klares Licht in seiner ursprünglichen Beschaffenheit. Man erfährt dann einen

Zustand, wo alle Dinge wie ein leerer Wolkenhimmel aussieht, ein durchsichtiges Vakuum ohne Umkreis oder Mittelpunkt.

Wie man diesen Zustand des Jenseits wahrnimmt, hängt nicht nur von der eigenen Geisteshaltung ab, sondern auch von der Bilanz der guten und schlechten Taten. Im Unterschied zum „Jüngsten Gericht" des Christentums bilanziert man hier selbst und zählt seine guten Taten mit weißen Kieselsteinen und seine schlechten Taten mit schwarzen Kieseln nach. Wenn man hier Verdienst gesammelt und sich auch noch ernstlich der Religion gewidmet hat, erlebt man „verschiedene entzückende Freuden und Glück und Wohlsein in vollem Maße".

Im Jenseits soll der Körper keinen Schatten werfen. Dies sei ein Anzeichen dafür, dass man im Bardo umherwandert. Der Verstorbene sieht dann Freunde und Verwandte, ruft nach ihnen, wird aber nicht von ihnen gehört, und leidet darunter. Im Bardo Thödol wird nun jeder Tag in diesem Zwischenstadium beschrieben. Sie lassen sich nach der Farbe des Lichts gut unterscheiden. So ist die Welt erst in blaues, dann weißes, gelbes, rotes und grünes Licht getaucht. Am sechsten Tag erscheinen alle Farben zusammen. In jeder Phase soll der Gestorbene bestimmte Aufgaben erledigen. Am wichtigsten ist es, sich nicht durch das „trübe rauchfarbige Licht" ablenken zu lassen. Dann würde man auf den Pfad des bösen Karmas gelenkt werden. Dahinter würden sich die Aktivitäten der „Dewas" bemerkbar machen. Das sind niedere Engel bzw. Gottheiten, die Wut und Eifersucht erzeugen würden. Deshalb soll man keine Angst vor dem grellen Licht entwickeln und folgendes tun:

„Konzentriere deine Gedanken ernstlich auf deine Schutzgottheit. Meditiere über sie, als ob sie die Spiegelung des Mondes im Wasser wäre, sichtbar, aber an sich nicht existierend."

Der Verstorbene kann verschiedene Bilder wahrnehmen. Er schwebt beispielsweise an den Plätzen herum, auf die seine Tätigkeit beschränkt war. Auf der dritten Stufe des Bardo können auch „karmische Trugbilder" anfangen zu scheinen. Zu dieser Zeit kann der Verstorbene auch alles Weinen und Wehklagen seiner Freunde und Verwandten hören. Das Bardo Thödol empfiehlt:

„Klammere dich nicht aus Liebe oder Schwäche an dieses Leben … Das wesentliche Geheimnis der Erkenntnis ist, die Spiegelbilder meines eigenen Bewusstseins zu erkennen. Die möglicherweise auftretenden friedlichen und zornigen Gottheiten stammen aus meinen eigenen Gedankenformen. Fürchte dich nicht davor … Als sich dein Körper und Geist trennten, musst du einen Schimmer der Reinen Wahrheit erfahren haben, sanft, sprühend, hell, blendend, wunderbar und strahlend. Das ist die Strahlung deiner eigenen wahren Natur. Erkenne sie."

Der Körper, den man jetzt hat, wird der „Gedankenkörper" genannt. Man soll nicht schwach werden und keine Furcht empfinden, sondern in der Stimmung von „Nicht-Gedankenbildung" verharren. Erlaube dem Geist in dem ungeschaffenen Zustand zu ruhen wie zum Beispiel, wenn Wasser in Wasser gegossen wird. Wenn man dies nicht hinbekommt, dann kann auch folgendes passieren:

„Wenn du vor den reinen Strahlungen der Weisheiten erschrickst, und dich von den unreinen Lichtern der sechs Lokas anziehen lässt, wirst du einen Körper in einem der sechs Lokas annehmen, und sangsärisches

Elend erleiden. Wenn du nicht fähig warst, zur Erkenntnis zu gelangen, als die friedlichen Gottheiten im Bardo auf dich schienen, werden am achten Tag die bluttrinkenden Zornigen Gottheiten erscheinen."

Die „sechs Lokas" sind die verschiedenen Welten des Jenseits, die man je nach Karma besuchen kann: Deva (Engel), Asura (Titanen), Nara (Menschenwelt), Trisan (Tierwelt), Preta (unglückliche Geister) und Hung (Die Gefallenen). Welten der Täuschungen (Sangsara) und der ewigen Ruhelosigkeit. Die Formung eines einzigen Entschlusses soll jetzt sehr wichtig sein:

„Es ist, wie wenn man den Lauf eines Pferdes durch den Gebrauch der Zügel lenkt. Klammere dich an ein einziges Ziel. Füge die Kette guter Taten zusammen."

Indem wir den Geburtsort beobachten, wähle wir auch den Kontinent aus. Da wir eine geringe übernormale Fähigkeit des Vorauswissens besitzen, können wir alle Orte der Geburt einen nach andern kennen lernen und am Schluss für die Wiedergeburt auswählen. Auch hier soll nach dem Bardo Thödol natürlich das Religiöse auch eine Rolle spielen:

„Indem du mit deiner übernormalen Kraft der Voraussicht wie von oben über die Kontinente blickst, wähle den, in dem Religion vorherrscht und gehe da hinein." [116]

Das Bardo Thödol beruht auf dem Erfahrungswissen und dem Glauben der tibetischen Buddhisten. Das Christentum hat keine vergleichbaren Überlieferungen hinterlassen. Vor dem Konzil von Konstantinopel hat es möglicherweise verschriftliche Hinweise auf dieses Zwischenreich zwischen Sterben und Wiedergeburt gegeben.

Vielleicht gibt es diese alten Schriften noch. In den Tiefen der Vatikanischen Bibliothek? Wir werden es wohl nie erfahren.

Wiedergeburt der Seele?

Mindestens die Hälfte der Menschheit glaubt an die Existenz ihrer Seele. Aber die Wissenschaft hat bislang keinen physikalisch nachweisbaren Träger der Seele gefunden. Dies hat allerdings den Nobelpreisträger und Gehirnforscher Sir John Eccles nicht daran gehindert, Trägerteilchen zu postulieren und ihnen einen Namen zu geben: "Psychonen". Dies sollen materielose Teilchen sein, die auf die Neuronen des Gehirns einwirken und auch vom Gehirn Informationen aufnehmen. Dies wäre also ein reiner Träger von Informationen, der auch den Körper überleben könnte. Andere Wissenschaftler haben ihn heftig kritisiert und ihm vorgeworfen, er wolle nur einen „Platz für Gott schaffen".

Auch die Gehirnforschung hat bislang keine Seele entdecken können. Dieser sich immer schneller entwickelnde Wissenschaftszweig hat aber eine ganze Reihe von Modellen entwickelt, um uns bestimmte Erfahrungen zu erklären. Das betrifft z. B. auch die viel dokumentierten sogenannten Nahtod-Erfahrungen. Seit mehr als 50 Jahren läuft dazu eine kontrovers geführte Diskussion.

Es wird behauptet, dass sich die hierbei auftretenden Lichterscheinungen und Stimmen auch durch Hyperventilation und den dadurch verursachten Sauerstoffmangel im Gehirn erklären ließen. Dies hat beispielsweise der Berliner Arzt Martin Bauer mit Hilfe von 59 Freiwilligen belegen wollen. Damit hat er aber eventuell nur eines bewiesen, dass nämlich Sauerstoffmangel im Gehirn auch zu einer Abtrennung des Seelen- bzw. Geistkörpers und den damit verbundenen Wahrnehmungen führen kann. Dies ist aber eigentlich nichts Überraschendes, da die Nahtoderlebnisse oft auch von einem Sauerstoffmangel im Gehirn begleitet werden. Die Frage, warum verschiedene Menschen dann ähnliche Erlebnisse haben, ist damit nicht beantwortet worden.

Dass ein veränderter Stoffwechsel im Gehirn oder die Zugabe von körpereigenen Drogen (Morphine, Serotonin etc.) spezifische Halluzinationen erzeugt, ist ja zu erwarten. Dass aber ähnliche Erfahrungen gemacht werden, ist dann eher unwahrscheinlich. Einige Mediziner versuchen die Nahtoderlebnisse auch damit zu erklären, dass sie behaupten, die Todesvisionen seien nur ein Schutzmechanismus des Gehirns, um den Tod erträglicher zu machen. Das würde sich dann im Ausschütten körpereigener Opiate zeigen.

Wie soll sich aber diese Funktion entwickelt haben, da sie evolutionsbiologisch keinen Sinn macht? Rein biologisch gesehen wäre ein Mechanismus vorteilhaft, der unser Sterben automatisch einleitet, wenn sich unsere Nachkommen auch ohne uns weiterentwickeln können. Dann müssten Frauen wohl grundsätzlich eher sterben, da ihre biologische Uhr früher abgelaufen ist. Jetzt leben Frauen im Durchschnitt fast 10 Jahre länger als Männer! Da haben die Gesetze der Evolution anscheinend versagt (oder wir haben etwas falsch verstanden...).

In der Tierwelt gibt es evolutionsbiologisch eher sinnvolles Verhalten. Es gibt Spinnenweibchen, die nach der Samenspende ihren „geliebten Mann" töten und für die Kleinen als Anfangsnahrung konservieren. Auch die männlichen Bienen sterben nach dem Hochzeitsflug und fallen dem Volk nicht mehr zur Last. Da bin ich froh, dass Menschen offensichtlich evolutionsbiologisch gesehen eine Ausnahmeerscheinung in der Natur sind...

Es gibt viele Geschichten zum Thema Nahtod-Erfahrungen und Wiedergeburten. Viele verblüffen uns. Eindeutige Beweise über das geistige Leben nach dem körperlichen Tod kann es damit möglicherweise nicht geben. Es sind Indizien, die wir ernst nehmen sollten.

Nahtod-Erlebnisse gibt es heute sehr viele. Dies hängt auch damit zusammen, dass die Medizin sehr große Fortschritte bei der Wiederbelebung gemacht hat. Die Wahrscheinlichkeit, dass man diese Erfahrungen machen kann, ist in den letzten Jahrzehnten stark gestiegen. Aufgrund von statistischen Erhebungen geht man davon aus, dass etwa 4% der Deutschen Nahtod-Erlebnisse hatten. Das wären etwa 3 Mio. Menschen allein in Deutschland! Viele Menschen trauen sich aber nicht, anderen Menschen davon zu berichten, weil sie diese Visionen nicht für authentisch halten.

Die Psychiaterin Elisabeth Kübler-Ross (1926 - 2004) hat die Nahtod-Forschung ab 1969 mit ihrem Buch „Death: The final stage of growth" [117] maßgeblich mitbegründet und eine empathische Sterbebegleitung in Form der Hospizbewegung angeregt. Bei der Ausbildung von Medizinstudenten bzw. -studentinnen hatte sie den Kontakt zu Sterbenden hergestellt, um „die Krise des Sterbens auf eine würdige Weise zu meistern". [118]

Nahtod-Erlebnisse

Britische Forscher haben deutliche Hinweise auf ein Leben nach dem Tod gefunden. „Diese Studie liefert die bisher besten Hinweise darauf, dass es ein Leben nach dem Tod gibt", sagte Studienleiter Dr. Sam Parnia von der Universität Southampton in der Ärzte Zeitung. „Sieben der 63 von uns untersuchten Herzstillstand-Patienten berichteten von einem Nahtod-Erlebnis." Die Betroffenen berichteten über Gefühle wie Freude und Hoffnung, ein helles Licht, Wärme und mystische Wesen sowie verstorbene Verwandte. Alle Patienten hatten zu diesem Zeitpunkt bereits keine Hirnströme mehr.

Wie es zu diesen Erfahrungen kommt, ist wissenschaftlich umstritten. Studienleiter Dr. Sam Parnia betonte, dass die sieben Patienten mit Nahtod-Erfahrung sogar höhere Sauerstoffkonzentrationen aufwiesen als Patienten ohne ein solches Erlebnis. Ein Mangel an Sauerstoff als Ursache für die Erlebnisse, scheidet laut Dr. Parnia somit aus. Als schlichte Halluzinationen ließen sich die Patientenerfahrungen ebenfalls nicht befriedigend erklären. Dr. Parnia in der Ärzte Zeitung:

„Alle Patienten konnten sich genau und sehr detailliert an das Erlebte erinnern. Das deutet nicht auf Halluzinationen hin. In einem Zustand wie dem ihren dürfte das Gehirn eigentlich weder zu so klaren Prozessen in der Lage sein, noch sollte man meinen, dass es dauerhafte Erinnerungen speichern kann".

Er selbst sei zu Beginn der Untersuchung skeptisch gewesen, doch nun sei er davon überzeugt, „dass es da noch etwas anderes gibt".

Nahtoderfahrungen werden seit etwa 50 Jahren in den USA und Großbritannien intensiv erforscht und dokumentiert. Den Begriff Nahtoderfahrung hatte der Arzt und Psychiater Dr. Raymond Moody in seinem Bestseller „Leben nach dem Tod" geprägt.[119] Dort hatte er seine Erfahrungen mit 150 Menschen zusammengefasst, die klinisch Tod waren und wiederbelebt werden konnten. Moody hatte bereits 1975 die besonderen Merkmale dieses Phänomens beschrieben: Außerkörperliche Wahrnehmung, konkrete Beschreibungen einer Operation, Bewegung durch einen „Lichttunnel", Begrüßung durch bekannte Verstorbene, Begegnung mit „Lichtwesen", Lebensrückschau, Gefühl der Zeitlosigkeit.

Als Elisabeth-Kübler-Ross 1965 ihr Buch „Interviews mit Sterbenden" veröffentlichte, war der Tod etwas, worüber man besser nicht sprach. Sie hatte es gewagt, mit sterbenden Menschen über ihre Gefühle zu sprechen und den emotionalen Prozess beschrieben, wie diese Menschen letztlich zur Akzeptanz ihres Sterbens kamen. Um spirituelle Erlebnisse ging es damals noch nicht.

Die Ergebnisse von Dr. Moody sind in den letzten Jahrzehnten intensiv überprüft worden, beispielsweise von Dr. Ken Ring, Dr. Bruce Greyson und Peter Fenwick. Dr. James Whinnery (National Warfare Institute) konnte am Beispiel von Jagdbomberpiloten, die während ihrer Ausbildung in einer Zentrifuge in einen todesnahen Zustand versetzt worden sind, zeigen, dass dort auch Nahtoderfahrungen auftraten. Eine Erfahrung, die die Sicht auf den Tod und das Leben fundamental verändert. Über die Hälfte der medizinischen Fakultäten in den USA bieten mittlerweile Lehrveranstaltungen über die spirituellen Aspekte des Sterbens an.[120] In Deutschland sind wir davon noch sehr weit entfernt.

Es gibt mittlerweile unzählige Studien über Nahtoderfahrungen. Eine umfassende weltweite Dokumentation haben Dr. Jeffrey Long und Paul Perry vorgelegt.[121] Im Rahmen ihrer Studie haben sie über 1300 Nahtoderfahrungen ausgewertet. Interessant ist, dass auch von Geburt Blinde visuelle Nahtoderfahrungen haben können.

Das Thema Nahtoderfahrungen mag für einige Leser bzw. Leserinnen neu und verstörend wirken, da die Vorstellung, der Geist könne sich vom Körper lösen, nicht mit unserem traditionellen Bild von der Wirklichkeit übereinstimmt. Wenn Sie nicht zu den etwa 4 % unserer Bevölkerung gehören, die vergleichbare Erfahrungen gemacht haben, dann müssen Sie sich mit den wissenschaftlichen Hintergründen beschäftigen, um ihren Verstand zu überzeugen, dass die Welt des Jenseits eine besondere Realität darstellt. Alles was in Richtung höhere Dimensionen, Verschränkung von Information, Zeitlosigkeit und Vakuumfeld in der Physik bekannt ist, widerspricht einem Jenseitserlebnis nicht. Die Quantenphysik hat tatsächlich eine Tür aufgestossen, die uns diese Jenseitserfahrungen nahebringen können, ohne einem esoterischen Zirkel oder einer Religion mit Reinkarnationsinhalten anzugehören. Auch sogenannte „vernunftorientierte" Menschen können einen Zugang zu dieser neuen Weltsicht bekommen und diese Möglichkeiten nutzen.

Ich möchte an dieser Stelle nur auf einige wesentliche Erkenntnisse aus der Nahtodforschung eingehen und empfehlen, die Original-Literatur einmal vorurteilsfrei zu lesen. Folgende Besonderheiten können zu dieser jenseitigen Welt aus meiner Sicht zusammenfassend festgehalten und durch Zitate illustriert werden:

Außerkörperliche Wahrnehmung:

„Plötzlich schaue ich von der Decke aus auf mich herunter." [122]

Das Jenseits ist ein Ort ohne Zeit:

*„Sowohl die Zeit als auch der Raum auf der Erde standen völlig still...
Ich konnte stets alle Zeiten (Vergangenheit, Gegenwart und Zukunft)
gleichzeitig wahrnehmen ... Wo ich gewesen war, gab es keine Zeit."* [123]

Andere Wahrnehmung der Raumdimensionen:

„Ich hatte eine Rundumwahrnehmung ... Sie sehen dann was vor, hinter, rechts, links unter und über ihnen ist." [124]

Flug durch einen Lichttunnel:

*„Ich wurde in einen Tunnel gezogen, in dem Wolken umherwirbelten.
Die Wolken waren grau, weiß und irgendwie rauchig. Ich glitt sehr
schnell dahin."*

Rückschau und Bewertung des Lebens:

*„Ich spürte, wie andere mein Leben empfanden ... Während der Rückschau sahen sie das Gute und das Schlechte, Ursache und Wirkung ihrer
Entscheidungen ... Ich sah drei Ausblicke in verschiedene Versionen
meiner Zukunft ... Es war, als sähe ich Bild für Bild einen Film über
mein Leben auf der Erde."* [125]

Begegnung mit Verstorbenen:

*„Verwandte, von denen ich zwar wusste, dass es sie gab, die ich aber im
Leben nie kennengelernt hatte, waren da."* [126]

Die Autoren dieser Metastudie kamen zum Ergebnis:

„Nahtoderfahrungen sind im Kern auf der ganzen Welt gleich: Ob in der Nahtoderfahrung eines Hindu in Indien, eines Muslims in Ägypten oder eines Christen in den Vereinigten Staaten – in allen zeigen sich dieselben Kernelemente." [127]

Ihre politische Botschaft lautet:

„Die Erkenntnis, dass Menschen aller Kulturen im Moment des Todes Ähnliches erleben, könnte ein hilfreiches Instrument für den interkulturellen Dialog und das Verständnis zwischen den Völkern sein. Das macht Nahtoderfahrungen zu einem wichtigen spirituellen Gedanken, der es der Menschheit erleichtert, den Weltfrieden aktiv anzustreben." [128]

Der niederländische Kardiologe Pim van Lommel hat in seiner Klinik die Nahtoderlebnisse direkt nach der Reanimation abgefragt („Prospektive Studie") und das Verhalten in den Jahren danach untersucht. Er stellte fest, dass viele Menschen nach einer Nahtoderfahrung ihre Lebensweise ändern und „ihre Zeit und Energie nur noch für bleibende Werte einsetzten" wollen. [129] Er hat die gleichen Erlebnisse wie die anderen Nahtodforscher dokumentieren können. Die Erlebnisse würden zwar überwiegend als positiv dargestellt werden, es gäbe allerdings bei rund 2 Prozent der Fälle auch die Darstellung, dass sie einen „Furcht einflößenden, dunklen Raum" nicht verlassen konnten. [130]

Van Lommel bewertete die häufig genannte Tunnelerfahrung folgendermaßen:

„Die Reise durch den Tunnel ist offenbar der Übergang von unserer

physischen Welt in eine andere Dimension, in der Zeit und Distanz keine Rolle mehr spielen. " [131]

Lichttunnel und Relativitätstheorie

Viele Nahtoderlebnisse handeln von der Erfahrung einer starken Beschleunigung in Richtung eines Lichts. Dabei wird man durch eine Art Tunnel gezogen. Diese sehr häufig anzutreffende Erscheinung hat den Physiker Prof. Dr. Niemz von der Universität Heidelberg veranlasst, die Sache mit der Einstein'schen Relativitätstheorie zu vergleichen. [132] Dabei wird eine materielose Form der menschlichen Persönlichkeit unterstellt, die im Augenblick des Todes auf Lichtgeschwindigkeit beschleunigt wird. Dabei könnte es sich beispielsweise um ein komplexes Netzwerk von verschränkten Photonen handeln, die die Information der jeweiligen Persönlichkeit tragen. Die Quantenphysik würde dies als eine stabile Solitonen-Welle bezeichnen.

Eine Trennung von der Materie der Körperzellen würde automatisch eine Beschleunigung auf Lichtgeschwindigkeit verursachen, da das der normalen Geschwindigkeit von freien Photonen entspricht. Da es sich hier um eine Geschwindigkeit um die 1 Mrd. km pro Stunde handelt, können wir uns das eigentlich nicht vorstellen. Ein Space Shuttle erreicht gerade einmal 28.000 km/h.

Die Vision des Lichttunnels entsteht durch die relativistische Verzerrung des Raumes und die Verkürzung der Länge eines Körpers ab 95% der Lichtgeschwindigkeit.

Materie kann nicht auf Lichtgeschwindigkeit beschleunigt werden, da dann die Masse exponentiell zunimmt. Bei einer Geschwindigkeit von 99 % des Lichts würde ein Mensch z. B. ca. 500 kg wiegen. Bis zur Lichtgeschwindigkeit würde das Gewicht bis ins Unendliche anwachsen, aber die Länge entlang der Beschleunigung bis auf nahe Null schrumpfen. Materie kann also die Raum-Zeit-Welt nicht verlassen. Anders sieht das bei den Neutrinos und Photonen aus. Diese müssen sich mit Lichtgeschwindigkeit bewegen, um Energie transportieren zu können, da sie keine Ruhemasse besitzen.

Wenn der menschliche Geist an diese Teilchen in Form von reiner Information gebunden wäre, könnte er sich in einer Welt aufhalten, die vollkommen anders funktioniert: eine Welt ohne Raum und Zeit. Eine Welt ohne Ursache und Wirkung, in der man keine Erfahrungen machen kann und sich nicht verändert. Vielleicht ist aber gerade dies der Grund, warum es unsere Welt gibt? Zumindest ist das bei den Nahtoderlebnissen oft beschriebene Gefühl von Zeitlosigkeit ein Hinweis darauf, dass man sich nicht in unserer Raumzeit-Welt aufhält.

Prof. Niemz hat die Lichttunnel-Erfahrungen bei den Nahtoderlebnissen mathematisch nach der Relativitätstheorie berechnet. Nicht nur die Raumkrümmung in Form einer Röhre lässt sich dabei als Ergebnis einer 95% Lichtgeschwindigkeit festhalten. Auch die Überstrahlung mit Licht („Searchlight-Effekt") ist daraus ableitbar und mit berechneten Fotos visualisiert worden. [133]

Diese wissenschaftliche Darstellung belegt, dass der „Flug" durch einen Lichttunnel nach der Relativitätstheorie von Einstein dann als Erfahrung zu erwarten ist, wenn sich Bewusstsein mit einer Geschwindigkeit in der Nähe der Lichtgeschwindigkeit bewegen könnte. Das ist offensichtlich nur möglich, wenn sich der Geist vom Körper trennen kann und diesen als „Ballast" abwirft.

Nahtoderfahrungen zeigen uns, dass wir mit großer Wahrscheinlichkeit nach dem endgültigen Sterben in einem neuen Körper wiedergeboren werden. Besonders deutlich wird dieser Sachverhalt bei der Auswertung von Erinnerungen an frühere Leben von Kindern.

Kindliche Erinnerungen an vergangene Leben

In den letzten Jahren haben sich auch westliche Wissenschaftler bzw. Wissenschaftlerinnen intensiv mit der Reinkarnation beschäftigt. Prof. Ian Stevensen von der Universität in Virginia ist einer der bekanntesten Forscher auf diesem Gebiet. Er hat 65 Fallstudien von Kindern veröffentlicht, die sich an ihre früheren Leben teilweise erinnern konnten. Dadurch konnten viele Indizien und auch Fakten gesammelt werden, die sich nicht anders als durch eine Wiedergeburt erklären lassen.

Interessant sind auch die Schilderungen von Trutz Hardo in seinem Buch „Reinkarnation aktuell - Kinder beweisen ihre Wiedergeburt". Schon um 1860 hat Prof. Rivail (Pseudonym: Allan Kardec) an seinem Pariser Institut intensiv dazu geforscht. Auch hier gibt es viele Beispiele, die nur mit der Möglichkeit der geistigen Wiedergeburt erklärt werden können. Es lohnt sich, diese Fallstudien einmal zu lesen, da sie eine hohe Beweiskraft besitzen.

Die 2021 veröffentlichte Netflix-Serie „Jenseits des Todes" beschäftigte sich in Folge 6 mit den Erkenntnissen eines US-Kinderpsychologen zur Reinkarnation. Der 5-jährige Atlas erzählte darin beispielsweise seiner Mutter von einer anderen Familie, bei der er früher gelebt hätte und kannte sogar seinen damaligen Namen (Jaylen Robinson). Die Mutter von Atlas hat sich an Prof. Jim B. Tucker von der „University of Virginia School of Medicine" gewandt. Prof. Tucker hat bei seinen Forschungen zu Reinkarnationserinnerungen von Kindern festgestellt, dass sich Kinder besonders gut an ein vergangenes Leben erinnern konnten, wenn sie auf unnatürliche Weise gestorben waren. [134] Recherchen im Internet ergaben: Er wurde 2005 als Kind von seinem Babysitter im Alter von 19 Monaten ermordet. Atlas wurde 2014 geboren. Er konnte alle Bilder, die ihm von einem Spielplatz, dem Haus und seine beiden schwarzen Eltern mit Kontrollbildern gezeigt wurden, eindeutig identifizieren.

Prof. Tucker stellte in der Netflix-Serie auch noch andere spektakuläre Fälle vor. Schon als 5-Jähriger hatte beispielsweise Ryan Hammons viele Details über sein früheres Leben als Künstler in Hollywood (Los Angeles) erzählt. Durch Befragung der Tochter konnten rund 50 Details bestätigt werden. Ryan erkannte aus mehreren Bildern nicht nur sich selbst sondern auch die letzte Ehefrau des Stepptänzers und Teile des alten Anwesens wieder.

Ein anderes Bespiel war James Leininger, der von seinem Abschuss als US-Pilot 1945 während des Zweiten Weltkriegs in Japan erzählte. Schon als 2-Jähriger hatte er schwere Alpträume, in denen er in seinen Erinnerungen diesen tödlichen Absturz ins Meer immer wieder erlebte. Später konnte er sogar die Absturzstelle bei der Insel Iwojima auf einer Karte zeigen. Als 6-Jähriger konnte er sich daran erinnern, wie man Napalm-Bomben baute und wie der Flugzeugträger hieß, von dem er gestartet war. Alle Angaben konnten durch spätere Recherchen verifiziert werden.

Die Wiedergeburt bzw. Reinkarnation ist in vielen alten Kulturen Bestandteil der dortigen Weltbilder. Insbesondere im Hinduismus und tibetischen Buddhismus ist die Vorstellung noch präsent. Der buddhistische Mönch Tenzin Gyatso soll beispielsweise die 14. Inkarnation des Dalai Lamas sein.

In den ersten 5 Jahrhunderten des Christentums war die Möglichkeit der Wiedergeburt der menschlichen Seele noch ein Teil der religiösen Überlieferungen. Dieser Teil wurde dann allerdings während des 5. Konzils aus der Bibel entfernt.

Das Karma-Gesetz

Der Begründer der Anthroposophie Rudolf Steiner hat folgende Auffassung vertreten:

„Der Leib unterliegt dem Gesetz der Vererbung, die Seele unterliegt dem selbst geschaffenen Schicksal. Man nennt dieses von dem Menschen geschaffene Schicksal mit dem alten Ausdruck sein Karma".

Die Vorstellung, dass wir mit einem Karma geboren werden, ist ungefähr 3000 Jahre alt und geht auf die heiligen Schriften des Hinduismus (die Veden) zurück. Karma ist der Glaube an die Gegenseitigkeit. Jede Handlung soll nicht nur eine gleichgerichtete, sondern auch eine entgegengesetzte Reaktion hervorrufen. Das Gesetz vom Karma bedeutet vereinfacht: „Jeder erntet, was er sät". Das heißt, dass jedes Tun eines Menschen eine Kraft in Bewegung setzt, die für ihn früher oder später eine Folge hat.

In Verbindung mit der Vorstellung der Möglichkeit der Wiedergeburt wird daraus ein System, das sich selbst beeinflusst. Dies setzt voraus, dass die Erfahrungen und Erinnerungen eines Menschen den Tod überdauern und die neu geborene Seele in irgendeiner Form vorgeprägt wird, ohne sich an das Leben davor zu erinnern. Damit sind wir in gewisser Weise für unser Glück bzw. Unglück selbst verantwortlich.

Wenn ich also jemanden in meinem früheren Leben gequält habe, dann kann es also sein, dass ich in meinem aktuellen Leben gequält werde, um zu erfahren, was das wirklich bedeutet. Mit dieser Vorstellung hat der Hinduismus die Frage geschickt beantwortet, warum es so viel Leiden in der Welt gibt, wenn es einen allmächtigen Gott gibt, der dies ändern könnte. Die Verantwortung dafür tragen wir also selbst. Das Karma würde auf jeden Fall unser Leben mit bestimmten zu lösenden Aufgaben „vorbelasten", ohne dass uns dies bewusst würde. Dies müsste sich auch in unseren aktuellen Lebensmotiven ausdrücken.

Bislang ist das „Gesetz des Karmas" für uns nur ein Mythos bzw. eine Selbsttäuschung. Es könnte aber mehr sein. Wir sollten es zumindest als eine mögliche Arbeitshypothese nutzen und der Sache auf den Grund gehen. Ohne die Möglichkeit der seelischen bzw. geistigen Wiedergeburt könnte unser individuelles Leben sonst nur sinnvoll genannt werden, wenn wir unseren Beitrag zur Arterhaltung geleistet haben. Entweder haben wir mit unseren eigenen Nachkommen dazu beigetragen, dass die Menschheit nicht ausstirbt und/oder wir haben durch unsere Handlungen einen Beitrag zur nachhaltigen Überlebensstrategie der Menschheit erbracht. Eine ich-bezogene Selbstverwirklichung wäre dann überflüssiger Luxus, da die kommenden Generationen keinen Nutzen davon hätten.

Die Theorie vom Karma hat einige unbestreitbare gesellschaftspolitische Vorteile. Empfundene Ungerechtigkeiten aufgrund einer ungleichen Vermögensverteilung werden nicht mehr als ein zu lösendes Problem der Gesellschaft gesehen. Für Ungleichheit und Leid sind wir selbst verantwortlich. Durch unsere eigenen Handlungen in einem früheren Leben hätten wir die Voraussetzungen dafür geschaffen, dass es uns jetzt gut oder schlecht geht. Dafür könnte die Politik oder unsere Eltern nicht verantwortlich gemacht werden. Das darf dann aber nicht dazu führen, dass der Staat keine ausreichende Verantwortung für die soziale oder gesundheitliche Situation seiner Bürger und Bürgerinnen wie in Indien übernimmt. Menschen nicht zu helfen, die in Not geraten sind, verursacht auch negatives Karma.

Wenn wir geliebt werden wollen, dann müssen wir absichtslos lieben lernen. Wenn wir gut behandelt werden wollen, dann müssen wir auch andere gut und respektvoll behandeln ohne Rücksicht auf ihren gesellschaftlichen Status, ihre Nationalität, ihr Geschlecht oder Abstammung. Wenn wir wollen, dass man uns vertraut, dann müssen wir zuerst auch anderen vertrauen.

Das „Gesetz des Karma" würde uns im Alltag viel abverlangen, wenn wir es ernst nehmen würden und die Welt verändern, wenn sich alle so verhalten würden. Das hatte auch schon Kant entdeckt und seinen „Imperativ" über das Gesetz erhoben:

"Handle nur nach derjenigen Maxime, durch die du zugleich wollen kannst, dass sie ein allgemeines Gesetz werde!"

Wenn das Ursache-Wirkungs-Gesetz tatsächlich auch für menschliche Handlungen gilt und über den Tod hinauswirkt, dann heißt das aber leider nicht automatisch, dass sich alles zum Guten wendet. Für den Einzelnen kann es das nur bedeuten, wenn das „Gesetz des Karma" auch wirklich gelebt wird. Das ist eine Sache des Glaubens und vielleicht irgendwann einmal auch eine Sache des Wissens. Ohne die Möglichkeit zur mehrmaligen Wiedergeburt würde dies aber keinen Sinn machen, da die Lernkurve dann einfach zu kurz wäre. Penny McLean hat zum Thema Reinkarnation folgendes festgestellt:

„Das Bittere ist, dass Sie selbst es sein werden, der Sie durchschaut, Ihnen den Spiegel vors Gesicht hält und Sie beurteilt ... Niemand anderer als Sie selbst wird der Beurteiler der moralischen Qualität Ihrer Erdentage sein." [135]

Das würde die christliche Vorstellung von einem „jüngsten Gericht" relativieren. Möglicherweise werden uns die Beurteilungskriterien für unser Leben zu Verfügung gestellt, um die Wirkung unserer Entscheidungen auf das Leben anderer Menschen und unsere Umwelt besser beurteilen zu können. Penny McLean:

„Berühmt sein, reich sein, bewundert und sexuell begehrt, wirtschaftlich erfolgreich - das alles zählt nicht mehr im Jenseits." [136]

Der Sinn des Ganzen

Wir können nur die von uns wahrgenommene Wirklichkeit erkennen und auswerten. Dann müssen wir auch akzeptieren, dass jeder Mensch in seiner eigenen Wirklichkeit lebt und mit großer Wahrscheinlichkeit andere Ergebnisse bekommt als wir selbst. Ohne einen Austausch von Informationen über das Erlebte sollten wir uns keine Meinung über die Handlungen und Motive anderer Personen erlauben. Wir können auch nicht unterstellen, dass die gleichen Maßstäbe angelegt werden, die wir zur Beurteilung unserer Umwelt verwenden. Meine Wahrheit ist also nicht automatisch auch die Wahrheit eines anderen Menschen.

Wir sind allerdings nicht allein auf unsere Sinneswahrnehmungen begrenzt und wie wir diese Informationen in unserem Gehirn verarbeiten. Wir können der Umwelt mit Hilfe von Experimenten auch Fragen stellen und Antworten zu Gesetzmäßigkeiten erhalten. Damit können wir grundsätzlich unsere individuellen subjektiven Erkenntnisse überprüfen und verallgemeinern.

Insbesondere die Physik hat unsere Wahrnehmungsfähigkeit von Wirklichkeit erheblich verbessert, indem Werkzeuge geschaffen wurden, mit denen wir auch den Mikro- und Makrokosmos erkunden konnten. Das hat unsere Sinneswahrnehmungen natürlich nicht verändert. Wir denken uns die Wirklichkeit nur anders, als noch vor hundert oder tausend Jahren. Doch vorstellen können wir uns die Quantenwelt und die Welt der Schwarzen Löcher immer noch nicht. Wir verstehen diese Welt nicht wirklich, aber nutzen daraus entstandene Techniken. Bis heute haben wir vielleicht nicht realisiert, dass diese Erkenntnisse auch mit uns selbst und dem Sinn unseres Lebens zu tun haben.

Wir sehen überall programmierte Strukturen: Den Urknall, die Naturkonstanten, die Elementarkräfte, das Periodensystem der Elemente, das Standardmodell der Elementarteilchen und den genetischen Code. Wir glauben oft nicht, dass dahinter ein übermenschlicher Geist steht, sondern wollen uns alles aufgrund von zufälligen Entwicklungen erklären. Doch selbst chaotische Strukturentwicklungen könnten durch Programme erzeugt werden, die sich durch ständige Rückkopplungen und Wiederholungen nicht-linear verändern. Das nennen wir dann die Selbstorganisation von komplexen Systemen. Dort macht es dann keinen Sinn, nach Ursache und Wirkung zu fragen. In diesen Systemen ist die Zukunft bzw. das Prozessergebnis unbestimmt und damit nicht vorhersagbar.

Unberechenbarkeit ist etwas, was unser Verstand möglichst ignoriert, um seine Kontroll-Illusion aufrecht zu erhalten. Zufällige und persönliche Schadensereignisse werden oft als Schicksal bezeichnet, als wenn dahinter ein göttlicher Plan stehen würde. Zufällige und persönlich nützliche Ereignisse nennen wir dann eher Glück. Die Welt um uns herum erscheint geplant und gleichzeitig ungeplant.

Es sieht so aus, als ob wir in einer Welt leben, in der einerseits Programme wirken und andererseits zufällige Abweichungen möglich sind. Im technischen Sinne können wir solche Welten nicht-lineare Simulationen nennen. Im Unterschied zu einer linear-programmierten Welt kann es hier Überraschungen geben, die auch die Erschaffer nicht vorhergesehen oder gewollt haben. Die Quantenphysik hat gezeigt, dass wir neben der Energie und Materie auch Informationsprozesse beobachten können, deren Codierung wir allerdings noch nicht verstanden haben. Neben unserer messbaren Raumzeitwelt gibt es einen ursprünglichen Bereich, in dem zeitlose und energiebefreite Prozesse ablaufen. Die Physik nennt diesen Bereich „Nullenergiefeld" oder auch „Vakuumfeld". Wir ahnen, dass diese Welt auch für den Makrokosmos verantwortlich ist und eine Verbindung über die sogenannten Schwarzen Löcher besteht. Dabei hat die Physik die Schwierigkeit, zu akzeptieren, dass hier nicht-endliche und zeitlose Prozesse ablaufen. Die Messergebnisse werden deshalb mathematisch durch Normierungsformeln ins Endliche umgedeutet und damit dimensionsreduziert. Diese andere Welt ist ein Ort der Wellenphänomene, für deren Beschreibung wir noch keine anerkannte Mathematik entwickelt haben.

Wir haben zu dieser unsichtbaren Welt nicht erst einen Zugang über naturwissenschaftliche Instrumente erschlossen. Diesen Zugang haben Menschen immer schon gehabt und haben ihn auch noch heute. Solange es Menschen gibt, haben sie diese Welten als Einheit erkennen können und nicht-technische Hilfsmittel wie Meditation und psychogen wirkende Drogen verwendet. Einzelne Menschen haben darüber hinaus spirituelle „Erleuchtungszustände" erleben können und die Einheit des Ganzen direkt erfahren. Einige wenige davon waren sogar in der Lage, diese ganzheitlichen Erkenntnisse in Worte zu fassen und als Hinweis auf eine angepasste Lebensweise zu verstehen. Früher nannte man diese Menschen Erleuchtete, Weisheitslehrer oder sogar Religionsstifter.

Sicher hat es auch viele Frauen mit spirituellen Erfahrungen gegeben, die mündlich übermittelt worden sind. Über mehrere Jahrtausende waren es aber fast nur Männer, die als Schriftgelehrte ausgebildet worden sind und in den jeweiligen religiösen Gruppen zuständig für die Aufzeichnungen waren. In den meisten religiösen Organisationen ist das noch heute so. Die spirituelle und philosophische Sicht des Menschen auf seine Welt war also immer auch eine männliche.

Wir sind mit unserem Verstand ein Wesen der Raumzeit. Wir sind aber mit unserer Intuition, Kreativität und Spiritualität auch ein Wesen mit Zugang zur jenseitigen unsichtbaren Welt. Wir können diese höheren Dimensionen nicht direkt wahrnehmen. Aber wir nehmen diese als Kraftwirkung bzw. gefühlt wahr. Leider haben wir häufig das Problem, dass wir unsere Instinkte und unsere Intuition auf der Gefühlsebene nicht gut unterscheiden können.

Wir können viel aus den spirituellen Überlieferungen unserer Vorfahren lernen. Ein Teil ist Geschichtsschreibung, ein anderer Teil sind spirituelle Lebensweisheiten und Erkenntnisse und es gibt auch noch den missionarischen Teil, den wir heute Politik und Marketing nennen würden. Im Einzelnen sind diese Botschaften schwer zu trennen. Dabei wird alles durch die jeweilige Kultur und Zeit überformt, auch wenn die religiösen Schriften grundsätzlich als zeitlose Botschaften erscheinen wollen.

Jeder Mensch kann sich heute mit allen spirituellen Überlieferungen der Menschheit beschäftigen und diese prüfen, ob sie zum heutigen Leben etwas Sinnstiftendes und Nützliches beitragen können. Jeder Mensch wird dabei sicher zu unterschiedlichen Antworten kommen.

Das muss grundsätzlich respektiert werden, weil es zur Meinungsfreiheit dazu gehört. Solange die auf dieser Grundlage umgesetzte persönliche Lebensweise keinen Schaden anrichtet und im Einklang mit den weltlichen Gesetzen steht, die man örtlich zu befolgen hat, ist diese Religionsausübung auch rechtlich geschützt. Vorrausetzung ist, dass der jeweilige Staat seine Neutralitätspflicht erfüllt. Das ist in vielen Staaten heute leider noch längst nicht der Fall. Die Religionsausübung ist eine zutiefst persönliche Tätigkeit. Die prinzipielle Trennung des Staates von kirchlichen Organisationen ist dafür eine Notwendigkeit. Selbst in Deutschland haben wir da noch einiges zu tun.

Die Geschichte des Homo sapiens enthält noch viele Geheimnisse. Ob wir von einer menschenähnlichen Rasse, die sich als Götter vorstellten, erschaffen worden sind oder tatsächlich eine umfangreiche genetische Mutation die Ursache für unser Auftauchen vor etwa 60.000 Jahren war, lässt sich heute noch nicht abschließend beurteilen. Die uralten Schriften unserer Vorfahren erwecken den Eindruck, dass die dort beschriebenen Schöpferwesen dem Menschen sehr ähnlich waren: Leicht erregbar, eifersüchtig und machthungrig. Sie konnten allerdings auch Techniken einsetzen, die den Menschen ihre Überlegenheit zeigte. Das Regelwerk, das die Menschen erfüllen sollten, war hauptsächlich darauf gerichtet, nicht die Kontrolle zu verlieren. Offensichtlich hatten die Menschen schon immer einen Hang zur Kontroverse und Freiheit. Sie waren eben schon damals keine Roboter, sondern denkende Individuen. Selbst die Sintfluten und Strafgerichte haben die Menschen nicht von ihren eigenwilligen Lebensmotiven abgebracht.

Der Homo sapiens wurde nicht für das Paradies geschaffen. Sein Bedürfnis nach der ständigen Überschreitung seiner selbst gesetzten Ziele hat ihn ruhelos werden lassen. Dabei hat sich jedes menschliche Individuum eigene Aufgaben gestellt und persönliche Ziele gesetzt. Jeder Mensch betritt seinen eigenen Pfad zum Glück und zur Erfüllung seiner Träume. Deshalb ist es richtig, sich nicht mit anderen Menschen zu vergleichen, sondern intuitiv auf sein „eigenes Herz" zu hören.

Unser Verstand und unser Ich-Bewusstsein ist bei unserem Lebensweg nicht immer eine große Hilfe. Besonders die Vernunft steht uns häufig im Weg, obwohl wir ihr unseren technologischen Aufstieg verdanken. Unser linear denkender Verstand erwartet Berechenbarkeit und einfache Ursache-Wirkungsketten. Wir leben allerdings in einem offenen System mit vielen Wechselwirkungen, die nur nichtlinear beschrieben werden können. Die Quantenphysik hat uns diese Tatsache schmerzlich vor Augen geführt.

Unsere Zukunft bleibt unbestimmt. Wir können uns nur auf wahrscheinliche Entwicklungen vorbereiten und dürfen dabei aber nicht verdrängen, dass unwahrscheinliche Entwicklungen trotzdem möglich sind. Selbst kleine Abweichungen können sich zu großen Veränderungen aufschaukeln. Dies bedeutet auch, dass jede kleine menschliche Aktivität große Wirkungen haben kann. Dies konnten wir in der Geschichte der Menschheit schon häufig beobachten.

Jeder Mensch ist ein einzigartiges Wesen, das das Potenzial besitzt, Veränderungen in seinem Umfeld und darüber hinaus zu bewirken, ohne dies immer zu merken. Das können positive oder auch negative Impulse sein. Deshalb wissen wir nicht, wohin die Menschheit als Ganzes hinsteuert. Wir wissen nur, dass es in einem nicht-linearen System auf jedes einzelne Element ankommt.

Es gab und gibt immer wieder Menschen, die die Einheit des Ganzen erkannt bzw. erlebt haben. Heute können wir diese spirituellen bzw. mystischen Erfahrungen auch mit den naturwissenschaftlichen Erkenntnissen verknüpfen. Im Zeitalter der Globalisierung und Digitalisierung ist die Wiederentdeckung des spirituellen Wesens des Menschen möglicherweise die Voraussetzung dafür, dass die Art Homo sapiens die nächsten hundert Jahre auf der Erde überleben kann. Ob dabei die religiösen Organisationen und Kirchen ihren Beitrag leisten wollen, müssen diese selbst entscheiden.

Ich finde, dass im spirituellen Erbe der Menschheit viele Gedanken enthalten sind, die in der Zukunft eine wichtige Rolle spielen könnten. Leider sind die meisten Schriften im Laufe der Zeit kultur- und machtpolitisch überformt worden, um Strukturen und Systeme zu erhalten, die längst zu einer Bedrohung der Menschheit beigetragen haben. Immer geht es dabei um Abgrenzung und Ausgrenzung, um einen absolutistischen Wahrheitsanspruch und dem Unvermögen, sich in aktuelle demokratische Entwicklungen einzufügen.

Ich bin heute davon überzeugt, dass unser geistiges Wesen und unsere eigentliche Persönlichkeit, den materiellen Tod überdauert. Die gut dokumentierten Nahtoderlebnisse belegen eine Welt, die eine zeitlose und materielose Komponente hat, die nicht im Widerspruch zu heutigen wissenschaftlichen Erkenntnissen steht. Wir müssen davon ausgehen, dass unser Geist nach einer gewissen „jenseitigen" Bewertungsphase mit neuen Aufgaben in diese Raumzeit-Welt zurückkehrt. Ob wir dann noch ein Karma, wie im Hinduismus und tibetanischen Buddhismus unterstellt, abtragen müssen, kann ich nicht beurteilen. Wir können dies als ein philosophisches Lebensmodell ansehen und im Sinne des Neuen Testaments und dem „Kategorischen Imperativ" von Immanuel Kant nutzen. Eigentlich reicht wirklich die eine Regel: „Und wie ihr wollt, dass euch die Leute tun sollen, also tut ihnen gleich auch ihr" (Lucas 6.31).

Diese Regel würde uns sehr viel abverlangen. Wenn sich alle daran halten würden, wäre die Menschheit eine andere. Um nachhaltig zu überleben, müsste diese Regel allerdings auf die Umwelt, d.h. auch auf die Tiere und Pflanzen ausgeweitet werden. Vielleicht überfordert das den Homo sapiens. Dann wäre er nicht die erste Art, die ausstirbt, weil sie sich nicht an die Veränderungen ihrer Umwelt anpasst. Das tragische wäre, dass wir selbst diese Veränderungen erzeugt haben, die unser Überleben in Frage stellen.

Viele religiöse Schriften sehen den Zweck unseres Lebens in der Raumzeit als einen Ort, an dem wir göttliche Regeln befolgen sollen und leiden müssen. Erst im Jenseits würden wir dafür belohnt oder bestraft, wie wir gelebt haben. Übermenschliche Kräfte würden dann über uns richten und wir könnten dann auch auf ewig in der „Hölle" landen. Da die christlichen Kirchen keine Wiedergeburt kennen, wird die Hölle ziemlich schnell überfüllt sein.

Wenn das der göttliche Plan sein soll, dann liegt diesem eine große Fehleinschätzung zugrunde. Die Menschen wurden angeblich mit der Fähigkeit erschaffen, Gut und Böse zu unterscheiden. Jeder Mensch hat danach eine gute und eine böse Seite. Das Leben ist eine Abfolge von Situationen, in denen wir uns für die eine oder andere

Seite entscheiden können und müssen. Dabei lernen wir ständig auch etwas über die Folgen unserer Entscheidungen und was Verantwortung eigentlich bedeutet. Das ist manchmal sehr schmerzvoll und kann sehr lange dauern. Dabei lernen wir nur das, was wir prinzipiell in unserer augenblicklichen Kultur und Situation lernen könnten. Dabei lernt ein armer oder reicher Mensch, ein männlicher oder weiblicher Mensch, ein schwarzer oder weißer Mensch, ein europäischer oder asiatischer Mensch, ein religiöser oder nicht-religiöser Mensch usw. etwas grundsätzlich anderes. Wenn wir nur ein Leben leben könnten, wäre die Lernkurve ziemlich kurz.

Ein jenseitiges Gericht würde nur diesen kleinen Ausschnitt des Lebens bewerten können, das sehr stark vom Ort der Geburt bestimmt wäre. Ein hungernder Mensch, der Lebensmittel stiehlt, müsste dann wohl anders behandelt werden, wie ein Banker, der seine Investoren bestiehlt. Beide hätten aber nur eine Regel aus den zehn Geboten missachtet. Ein Gericht im Jenseits hätte es genauso schwer, wie die Richter und Richterinnen im Diesseits. Der Unterschied: Im Diesseits hofft man auf Resozialisierung und auf Einsicht in das schlechte Tun. Im Jenseits wäre die Buße zweck- und sinnlos.

Dieses Modell des Jenseits ergibt nur dann Sinn, wenn man sich eine disziplinierende Wirkung im Diesseits erhofft. Das hat wohl auch nicht funktioniert. Die katholische Kirche hat deshalb eine schlaue Lösung gefunden, um ihre eigene Macht zu stärken und die Gläubigen an sich zu binden. Indem Priester die Sündigen beichten lassen und ihnen dann - nachdem sie Reue gezeigt haben - im Namen Gottes vergeben, wird ihnen ein Teil der Last ihres Lebensweges abgenommen. Im Einzelfall kann dies sicher dazu führen, dass eine

Läuterung eintritt. In der Praxis hat man eher seine Sünden bei der Kirche abgeladen und weiter gemacht wie bisher. Davon haben auch Mafia-Angehörige häufig Gebrauch gemacht. Finanziell hat sich das sicher ausgezahlt, obwohl es heute ja offiziell keinen „Ablasshandel" mehr gibt.

Eine echtes Lernen in unserer Raumzeitwelt ist nur möglich, wenn wir geistig wiedergeboren werden. Insbesondere die Erinnerungen von Kindern an frühere Leben sind ein Indiz dafür, dass es verschiedene Wiedergeburten gibt.

Das besondere an unserer Welt ist die Erfindung der Zeit. Damit ist es möglich, einzelne Entscheidungen von anderen zu trennen und zu bewerten. In der zeitlosen Welt des Jenseits überlagern sich alle Handlungen und werden ununterscheidbar. Für das jeweilige Bewusstsein wird eine Unschärfe entstehen. Das ist ungefähr so, als wenn man eine Langzeitbelichtung von einem sich bewegenden Menschen machen würde. Man erhält eine Art Wahrscheinlichkeitswolke. Ein Problem, dass die Quantenphysik bei Wellenphänomenen nur zu gut kennt.

Unsere Raumzeitwelt ist mit großer Wahrscheinlichkeit eine dimensionsreduzierte Projektion, um mit Hilfe der Zeit Erkenntnisvorgänge anzustoßen, die das „Wellen-Ich" nicht haben kann. Diese Eigenschaft können wir auch als Simulation interpretieren, die mehrfach genutzt werden kann. Hier ist tatsächlich ein Ort gebildet worden, der als individuelles Lernfeld genutzt werden kann. In der Bhagavadgita wird der Sinn dieser Welt einfach erklärt:

"Warum setzte ich, der Schöpfer, dies in Bewegung? Weil diese Welt ein

Lernfeld ist, ein Ort zur Erziehung, Ausbildung und Erhöhung aller Wesen." [137]

Auch im Koran findet sich ein entsprechender Hinweis:

„Dieses irdische Leben ist nichts als ein Zeitvertreib und ein Spiel" (Sure 30-64).

Viele Religionen sehen das eigentliche Ziel des Lebens in der Vorbereitung auf das Leben im Jenseits. Damit wird die Bedeutung der Entscheidungen in unserer Raumzeit-Welt nach meiner Meinung nicht richtig gewürdigt und falsch interpretiert. Es wäre ein fundamentaler Fehler, wenn ein menschliches Individuum denken würde, es käme nur darauf an, möglichst ohne schädliche Nebenwirkungen ins Jenseits oder ins Nirwana überzuwechseln. Dies scheinen viele Anhänger bzw. Anhängerinnen des Hinduismus und Buddhismus zu glauben. Man erträgt dann passiv dieses Leben und wehrt sich nicht gegen die Ungerechtigkeiten seiner oder ihrer Welt. Dann hilft man möglicherweise aber auch nicht anderen Menschen, die um Hilfe bitten. Leiden gilt dann als das selbst verursachte Abtragen eines Karmas.

Nur aktive und verantwortungsbewusste Entscheidungen verursachen echte Lernerfolge. Meditieren und Beichten können zwar zur Erkenntnis beitragen, was falsch oder richtig gelaufen ist, aber das Handeln nicht ersetzen. Wir müssen auch für eine Entscheidung zum Nicht-Handeln Verantwortung tragen. Dies ist auch ein wichtiges Thema im Neuen Testament der Bibel. Dabei ist es nicht leicht, zu verstehen, dass auch eine Unterlassung einer Handlung eine Entscheidung bedeutet, die wir verantworten müssen.

Der Sinn unserer Welt liegt also im Potenzial für viele Lernschritte in sehr unterschiedlichen Rahmenbedingungen. Durch die Möglichkeit der intensiven Bewertung nach dem physischen Tod, können wir neue Einsichten gewinnen und uns neue Lebensaufgaben stellen. Nach der Wiedergeburt können wir uns allerdings nicht mehr bewusst daran erinnern. Der Vorteil ist, dass wir das neue Leben, ohne eine bewusste Vorbelastung aus den Leben davor, beginnen können. Durch die Erkenntnisse aus der Tiefenhypnose und der sogenannten Familienaufstellung wissen wir, dass wir häufig unbewusste Lasten aus den früheren Leben noch mitschleppen. Bis heute wird dies von der herrschenden Psychologie für nicht möglich gehalten. Es gibt allerdings Therapiemethoden, die dieses „Karma" vermindern helfen. Diese Möglichkeiten sollten verstärkt genutzt werden, damit das aktuelle Leben einen besonders hohen Lernerfolg bekommt.

Die spirituelle Evolution des Homo sapiens kann dazu führen, dass wir das Bewusstsein für das Ganze und ein besseres Gefühl für unsere Mitmenschen bekommen. Mit dieser wissenschaftlich begründbaren Sicht erhalten wir auch ein besseres Verständnis dafür, worauf es in unserem aktuellen Lebensabschnitt wirklich ankommt.

Verwendete Literatur

1 **Bartusch**, Jens S. Rohark: „Poopol Wuuj", Magdeburg 2014
2 **Baumgarten**, Reinhard: „Gesichter des Islam - Begegnung mit einer faszinierenden Kultur", Stuttgart 2011
3 **Bergheiden**, Carl: „Mein Tod - Sterben um zu Leben", eBook
4 **Bischoff**, Erich: „Die Kabbala", eBook Köln 2014
5 **Blok**, Fritz: "I-Ging – Die Landschaften der Seele", Köln 2001
6 **Dalai Lama**: „Die Essenz der Lehre Buddhas", Book München 2012
7 **Das Buch Henoch**, vollständige deutsche Ausgabe, eBook e-artnow 2015
8 **Das Gilgamesch Epos**, eBook ModerneZeiten 2014
9 **Der Koran** - nach der Übersetzung von Max Henning, eBook q-medial 2013
10 **Der Talmud** - Wegweiser zum Studium des jüdischen Glaubens, eBook CharismaBuch 2017
11 **Desalvo**, John: „Die Schriftrollen vom Toten Meer", Köln 2008
12 **Die Bibel** Einheitsübersetzung, Katholische Bibelanstalt, Stuttgart 2017
13 **Die Luther Bibel** - Das Alte und Neue Testament, Kindle Edition 2011
14 **Die Upanischaden** - nach der Übersetzung von Eknath Easwaran, eBook München 2008
15 **Elberfelder Bibel**, SCM R. Brockhaus, Witten 2020
16 **Ercivan**, Erdogan: „Verbotene Ägyptologie", Kopp-Verlag, Rotenburg 2003
17 **Evan-Wentz**, W. Y. (Hrsg.): „Das Tibetanische Totenbuch", Zürich 1938
18 **Friedrich**, Annett: „Wege des Schicksals – Phänomen Palmblattbibliotheken", Dresden 2004
19 **Geißler**, Heiner: „Was würde Jesus heute sagen? Wo ist Gott?", Weltbild-Verlag, Berlin 2000
20 **Genzmer**, Herbert / Ulrich Hellenbrand: „Rätsel der Menschheit", Parragon Books

21 **Girard**, Rafael: „Die ewigen Mayas – Zivilisation und Geschichte", Wiesbaden 1969

22 **Grube**, Nikolai: „Maya - Gottkönige im Regenwald", Köln 2000

23 **Guski**, Chajm: „Die Torah – Eine deutsche Übersetzung", E-Book, Gelsenkirchen 2014

24 **Gute Nachricht Bibel**, Deutsche Bibelgesellschaft, Stuttgart 2000

25 **Harari**, Yuval Noah: „21 Lektionen für das 21. Jahrhundert", E-Book, C.H.Beck-Verlag, München 2018

26 **Hawley**, Jack (Hrsg.): „Bhagavad Gita - Der Gesang Gottes", e-Book München 2002

27 **Holzhausen**, Ingrid: „Weisheit der Völker", München 2000

28 **Kautzsch**, Emil: „Die Apokryphen und Pseudepigraphen des Alten Testaments", eBook Omaha 2019

29 **Keller**, Werner: „Und die Bibel hat doch recht", Düsseldorf 1989

30 **Konfuzius**: „Gespräche und Lebensphilosophie", eBook e-artnow 2014

31 **Kübler-Ross**, Elisabeth (Hrsg.): „Was der Tod uns Lehren kann", eBook München 2015

32 **Laotse**: „Tao Te King - Das Buch vom Sinn und Leben", eBook Berlin 2016

33 **Laotse**: TAO TE-KING, Das Buch vom Sinn und Leben, Übers. von Richard Wilhelm, Wiesbaden 2004

34 **Loewer**, Barry (Hrsg.): „Philosophie in 30 Sekunden", Kerkdriel 2016

35 **Long**, Dr. Jeffrey / Paul Perry: „Beweise für ein Leben nach dem Tod - Die umfassende Dokumentation von Nahtoderfahrungen aus der ganzen Welt", eBook München 2010

36 **McLean**, Penny: „Gestorben ist noch lange nicht tot – Was uns wirklich im Jenseits erwartet", E-Book Ansata-Verlag, München 2018

37 **National Geographic Society**: „Versunkene Reiche der Maya", Augsburg 1998

38 **Nestler**, Prof. Julius (Übersetzer): „Die Kabbala - von Papus", Wiesbaden 2004

39 **Nuzzi**, Gianluigi: „Vatikan AG - Ein Geheimarchiv enthält die- Wahrheit über die Finanz- und Politskandale der Kirche", Salz- burg 2010

40 **Osis**, Karlis / Erlendur Haradsson: „Der Tod - ein neuer Anfang", Freiburg im Breisgau 1982

41 **Platon**: „Gesammelte Werke", eBook 2016

42 **Precht,** Richard David: „Künstliche Intelligenz und der Sinn des Lebens", Goldmann-Verlag, München 2020

43 **Richardson**, Harry: „Mohammeds Geschichte", eBook 2015

44 **Santler**, Helmut: „Geheime Schriften des Christentums", Wien 2007

45 **Scherer**, Burckhard (Hrsg.): „Die Weltreligionen - Zentrale The- men im Vergleich", Gütersloh 2005

46 **Schiekel**, Munish B.: „Dhammapada - Die Weisjeitslehren des Buddha", eBook Freiburg im Breisgau 2016

47 **Sitchin**, Zecharia: „Die Anunnaki Chroniken", Amra-Verlag, Ha- nau 2018

48 **Steiner**, Rudolf: „Die Geheimwissenschaft im Umriss", eBook 2019

49 **Stevenson**, Ian: „Wiedergeburt – Kinder erinnern sich an frühere Erdenleben", Frankfurt a. M. 1992

50 **Stingl**, Miloslav: „Die Inkas - Ahnen der Sonnensöhne", Düssel- dorf 1978

51 **Terhart**, Franjo / Janina Schulze: „Weltrelegionen", Parragon Books

52 **Terzani**, Tiziano: „Noch eine Runde auf dem Karussell - Vom Leben und Sterben", eBook Hamburg 2005

53 **Tessnow**, Antonia Katharina: Madras – Zauber der Palmblätter", TWENTYSIX-Verlag 2017

54 **Tsu**, Sun: „Die Kunst des Krieges", eBook eClassica 2011

55 **Tucke**, Dr. Jim B.: „Kinder erinnern sich – Dem faszinierenden Phänomen der Wiedergeburt auf der Spur", E-Book Ullstein-Ver- lag, Berlin 2014

56 **Unterhuber,** Christoph: „Das Orakel der Palmblatt Bibliothek", Burghausen 2020

57 **Van Lommel**, Pim: „Endloses Bewusstsein - Neue medizinische

Fakten zur Nahtoderfahrung", eBook Ostfildern 2014

58 **Wilhelm**, Richard: I-Ging – Text und Materialien, Düsseldorf 1981

59 **Xavier**, Francisco Candido: „Unser Heim - Das Leben in der spirituellen Welt", eBook Winterthur 2015

Quellenverzeichnis

1 Richard David Precht: „Künstliche Intelligenz und der Sinn des Lebens", EBook, Goldmann-Verlag, München 2020, Seite 17
2 Ebd. Seite 181
3 Ebd. Seite 182
4 Ebd. Seite 183
5 Spektrum der Wissenschaft 10/2018 Seite 70 ff
6 Yuval Noah Harari: „21 Lektionen für das 21. Jahrhundert", EBook, C.H.Beck-Verlag, München 2018, Position 3640 f
7 Spektrum der Wissenschaft 10/2018 Seite 70 ff
8 IdeaSpektrum 22/2019: „Die 28 EU-Staaten religiös betrachtet"
9 Ebd.
10 Vgl. Wikipedia-Eintrag zur „Konstantinischen Schenkung"
11 Vgl. Wikipedia-Eintrag zum „Vatikanstaat"
12 Focus 52/2020: „So reich ist die Kirche"
13 Vgl. ideaSpektrum 19/2019
14 Bild am Sonntag, Pfingsten 2019: „Braucht die Kirche eine neue Botschaft?"
15 Die Welt 12.03.2019
16 Die Welt 26.09.2018
17 Die Zeit 9/2019
18 Die Zeit 9/2019
19 Die Welt 13.05.2019
20 Die Zeit 17/2019
21 Hawley, Jack. Bhagavadgita: Der Gesang Gottes - Eine zeitgemäße Version für westliche Leser (German Edition) Goldmann Verlag. Kindle-Version, S.41
22 Hawley, Jack. Bhagavadgita: Der Gesang Gottes - Eine zeitgemäße Version für westliche Leser, S.125. Goldmann

Verlag. Kindle-Version.

23   Die Upanischaden - nach der Übersetzung von Eknath Easwaran, eBook München 2008

24   Laotse: TAO TE-KING, Das Buch vom Sinn und Leben, Übers. von Richard Wilhelm, Wiesbaden 2004

25   Die Luther-Bibel: Alte und Neue Testament, Sonderausgabe Kindle Edition 2011, 1. Buch Mose Position 1298

26   Franjo Terhart, Janina Schulze: „Weltreligionen", Köln Seite 42

27   Helmut Sander: Geheime Schriften des Christentums, Wien 2007, Seite 18

28   Die Torah – Eine deutsche Übersetzung, Chajm Guski, September 2014

29   Der Koran - nach der Übersetzung von Max Henning, eBook q-medial 2013

30   Harry Richardson: „Mohammeds Geschichte", eBook 2015, Seite 16 ff

31   Harry Richardson: „Mohammeds Geschichte", eBook 2015, Seite31

32   Das Gilgamesch-Epos, eBook, Moderne Zeiten 6/2014

33   Im Folgenden fasse ich die aus meiner Sicht interessantesten Hinweise aus den 12 Tafeln zusammen.

34   Das Gilgamesch Epos, eBook Moderne Zeiten 2014

35   Vgl. Helmut Santler: „Geheime Schriften des Christentums", Wien 2007, Seite 18

36   Siehe auch die zusammenfassende Darstellung in Wikipedia: https://de.wikipedia.org/wiki/Septuaginta

37   Emil Kautzsch: „Die Apokryphen und Pseudepigraphen des Alten Testaments", eBook Omaha 2019

38   Emil Kautzsch: „Die Apokryphen und Pseudepigraphen des Alten Testaments", eBook Omaha 2019, Kapitel 3 (Adam und Eva im Paradies)

39   Helmut Santler: „Geheime Schriften des Christentums", Wien 2007, Seite 68

40 Vgl. Emil Kautzsch: „Die Apokryphen und Pseudepigraphen des Alten Testaments", eBook Omaha 2019

41 Emil Kautzsch: „Die Apokryphen und Pseudepigraphen des Alten Testaments", eBook Omaha 2019, Das 1. Buch Henoch, Kapitel 6

42 Emil Kautzsch: „Die Apokryphen und Pseudepigraphen des Alten Testaments", eBook Omaha 2019, Buch Henoch, Kapitel 14

43 Vgl. Das Buch Henoch, vollständige deutsche Ausgabe, eBook e-artnow 2015

44 „Die Geheimnisse der Maya", Wissen 2019, Seite 95

45 Nikolai Grube: „Maya - Gottkönige im Regenwald", Köln 2000, Seite 29

46 Erdogan Ercivan: „Verbotene Ägyptologie", Kopp-Verlag, Rotenburg 2003, Seite 53

47 Marilyn Bridges: „Für die Götter – Luftaufnahmen heiliger Landschaften", Zweitausendeins-Verlag, Frankfurt a.M. 1990

48 Reinhard Habeck: „Dinge, die es nicht geben dürfte", eBook Rottenburg 2014, Kapitel „Das Geheimnis von Mawangdui"

49 Reinhard Habeck: „Dinge, die es nicht geben dürfte", eBook Rottenburg 2014, Kapitel „Der antike Computer".

50 Reinhard Habeck: „Dinge, die es nicht geben dürfte", eBook Rottenburg 2014, Kapitel „Die Taube, die ein Flugzeug ist",

51 Herbert Genzmer / Ulrich Hellenbrand: „Rätsel der Menschheit", Parragon Books, Seite 75

52 Herbert Genzmer / Ulrich Hellenbrand: „Rätsel der Menschheit", Parragon Books, Seite 21

53 Ebd. Seite 25

54 Spiegel Geschichte 2/2020 - Das Alte Ägypten, Kapitel „Immer höher"

55 Vgl.https://connectiv.events/die-dna-der-paracas-schaedel-enthuellt-etwas-unerwartetes/

56 Vgl. http://www.museen-sh.de/Object/DE-MUS-789911/lido/Pk338

57 National Geographic Online 5.11.2020: „Atacama-Mumie: des

Rätsels Lösung"

58 Herbert Genzmer / Ulrich Hellenbrand: „Rätsel der Menschheit",
    Parragon Books, Seite 33

59 Der Talmud - Wegweiser zum Studium des jüdischen Glaubens,
    eBook CharismaBuch 2017

60 Vgl.: Der Talmud - Wegweiser zum Studium des jüdischen
    Glaubens, eBook CharismaBuch 2017, 4. Traktat der Dritten
    Ordnung

61 Der Talmud - Wegweiser zum Studium des jüdischen Glaubens,
    eBook CharismaBuch 2017, verschiedene Positionen

62 Harry Richardson: „Mohammeds Geschichte", eBook 2015, Seite
    22

63 Harry Richardson: „Mohammeds Geschichte", eBook 2015, Seite
    45 und 57

64 Jack Hawley (Hrsg.): „Bhagavad Gita - Der Gesang Gottes",
    eBook München 2002, Kapitel 2, Seite 43

65 Jack Hawley (Hrsg.): „Bhagavad Gita - Der Gesang Gottes",
    eBook München 2002, Kapitel 2, Seite 48

66 Jack Hawley (Hrsg.): „Bhagavad Gita - Der Gesang Gottes",
    eBook München 2002, Kapitel 3, Seite 62

67 Jack Hawley (Hrsg.): „Bhagavad Gita - Der Gesang Gottes",
    eBook München 2002, Kapitel 2, Seite 49

68 Die Upanischaden - nach der Übersetzung von Eknath Easwaran,
    eBook München 2008, Seite 12

69 Die Upanischaden - nach der Übersetzung von Eknath Easwaran,
    eBook München 2008, Seite 64

70 Die Upanischaden - nach der Übersetzung von Eknath Easwaran,
    eBook München 2008, Seite 68

71 Die Upanischaden - nach der Übersetzung von Eknath Easwaran,
    eBook München 2008, Seite 304

72 Die Upanischaden - nach der Übersetzung von Eknath Easwaran,
    eBook München 2008, Seite 81

73 Die Upanischaden - nach der Übersetzung von Eknath Easwaran,

eBook München 2008, Seite 193

74 Die Upanischaden - nach der Übersetzung von Eknath Easwaran, eBook München 2008, Seite 243

75 Richard Wilhelm: I-Ging – Text und Materialien, Düsseldorf 1981

76 Martin Schönberger: „Verborgener Schlüssel zum Leben", Frankfurt 1977

77 Antonia Katharina Tessnow: Madras – Zauber der Palmblätter", EBook, TWENTYSIX-Verlag 2017, Position 105

78 https://heikehoffmann.com/palmblattbibliotheken-indien/

79 Christoph Unterhuber: „Das Orakel der Palmblatt Bibliothek", Burghausen 2020

80 Ebd. Seite 415

81 Antonia Katharina Tessnow: Madras – Zauber der Palmblätter", TWENTYSIX-Verlag 2017

82 Ebd. Position 606

83 Annett Friedrich: „Wege des Schicksals – Phänomen Palmblattbibliotheken", Dresden 2004, Seite 254

84 Vgl. Spiegel-Edition 4/2020: „Die Bibel – Das mächtigste Buch der Welt", Jan Puhl: „Gute Nachrichten".

85 Vgl. Spiegel-Edition 4/2020: „Die Bibel – Das mächtigste Buch der Welt"

86 Vgl. Spiegel-Edition 4/2020: „Die Bibel – Das mächtigste Buch der Welt"

87 Vgl. Wikipedia-Eintrag zu „Flavius Josephus"

88 Vgl. Spiegel-Edition 4/2020: „Die Bibel – Das mächtigste Buch der Welt", Jan Puhl: „Gute Nachrichten"

89 Werner Keller: „Und die Bibel hat doch recht", Düsseldorf 1989, Seite 41

90 Werner Keller: „Und die Bibel hat doch recht", Düsseldorf 1989, Seite 34

91 Das Gilgamesch Epos, eBook ModerneZeiten 2014

92 Die Bibel Einheitsübersetzung, Katholische Bibelanstalt, Stuttgart

2017, Seite 7

[93] Die Luther Bibel - Das Alte und Neue Testament, Kindle Edition 2011, 5. Buch Mose 10

[94] Chajm Guski: „Die Torah – Eine deutsche Übersetzung", E-Book, Gelsenkirchen 2014, Seite 398

[95] Die Bibel Einheitsübersetzung, Katholische Bibelanstalt, Stuttgart 2017, Seite 2256

[96] Elberfelder Bibel, SCM R. Brockhaus, Witten 2020, Seiten 445, 557, 1379 und 1905

[97] Vgl. Gute Nachricht Bibel, E-Book, Deutsche Bibel-gesellschaft, Stuttgart 2000

[98] Chajm Guski: „Die Torah – Eine deutsche Übersetzung", E-Book, Gelsenkirchen 2014, Seite 164

[99] Zecharia Sitchin: „Die Anunnaki Chroniken", Amra-Verlag, Hanau 2018, Seite 257

[100] Erich von Däniken: „Neue Erkenntnisse – Beweise für einen Besuch von Außerirdischen in vorgeschichtlichen Zeiten", Kapitel 2, Oktober 2018 Rottenburg

[101] Spiegel Geschichte 2/2020 - Das Alte Ägypten, Kapitel „Der Weg aus dem goldenen Käfig"

[102] Spiegel Geschichte 2/2020 - Das Alte Ägypten, Kapitel „Stille Post"

[103] Gute Nachricht Bibel, Deutsche Bibelgesellschaft, E-Book, Stuttgart 2000, Seite 4131

[104] Peter Hahne: "Schluss mit euren ewigen Mogelpackungen! Wir lassen uns nicht für dumm verkaufen", E-Book Bastei Lübbe, Köln 2018, Seiten 26 und 27

[105] Heiner Geißler: „Was würde Jesus heute sagen?, Weltbild-Verlag, Berlin 2000, Seite 28

[106] Heiner Geißler: „Wo ist Gott?", Weltbild-Verlag, Berlin 2000, Seite 29

[107] Vgl. ideaSpektrum 19/2019

[108] Ebd.

109 Ebd.

110 ideaSpektrum 22/2019

111 Bild am Sonntag, Pfingsten 2019, Seite 11

112 Ebd.

113 Matthias Drobinski: „Die Kraft der Zuversicht", Süddeutsche Zeitung 3.04.2021

114 W. Y. Evan-Wentz (Hrsg.): „Das Tibetanische Totenbuch", Zürich 1938, Seite 15 ff

115 W. Y. Evan-Wentz (Hrsg.): „Das Tibetanische Totenbuch", Zürich 1938, Seite 105 ff

116 Ebd. Seite 132

117 Elisabeth Kübler-Ross: „Was der Tod uns lehren kann", Knaur eBook 2015

118 Elisabeth Kübler-Ross: „Was der Tod uns lehren kann", Knaur eBook 2015, Seite 26

119 Raymond A. Moody: „Leben nach dem Tod", Rowohlt E-Book, Reinbek 2019, die Original-Ausgabe erschien unter „Life after life" 1975

120 Melvin Morse in seinem Vorwort zu dem Buch von Raymond A. Moody: „Leben nach dem Tod", Rowohlt E-Book, Reinbek 2019

121 Dr. Jeffrey Long und Paul Perry: „Beweise für ein Leben nach dem Tod" – Die umfassende Dokumentation von Nahtoderfahrungen aus der ganzen Welt", München 2010

122 Dr. Jeffrey Long und Paul Perry: „Beweise für ein Leben nach dem Tod", München 2010, Seite 116

123 Dr. Jeffrey Long und Paul Perry: „Beweise für ein Leben nach dem Tod", München 2010, Seite 26 und 118

124 Dr. Jeffrey Long und Paul Perry: „Beweise für ein Leben nach dem Tod", München 2010, Seite 86 und 91

125 Dr. Jeffrey Long und Paul Perry: „Beweise für ein Leben nach dem Tod", München 2010, Seite 165, 170, 232 und 233

126 Dr. Jeffrey Long und Paul Perry: „Beweise für ein Leben nach dem Tod", München 2010, Seite 191

127 Dr. Jeffrey Long und Paul Perry: „Beweise für ein Leben nach dem Tod", München 2010, Seite 221

128 Dr. Jeffrey Long und Paul Perry: „Beweise für ein Leben nach dem Tod", München 2010, Seite 223

129 Pim van Lommel: „Endloses Bewusstsein - Neue medizinische Fakten zur Nahtoderfahrung", eBook Ostfildern 2014, Position 1362

130 Pim van Lommel: „Endloses Bewusstsein - Neue medizinische Fakten zur Nahtoderfahrung", eBook Ostfildern 2014, Position 896

131 Pim van Lommel: „Endloses Bewusstsein - Neue medizinische Fakten zur Nahtoderfahrung", eBook Ostfildern 2014, Position 896

132 Markolf H. Niemz: „Lucy mit c – Mit Lichtgeschwindigkeit ins Jenseits", Norderstedt 2006

133 Markolf H. Niemz: „Lucy mit c – Mit Lichtgeschwindigkeit ins Jenseits", Norderstedt 2006, Seite 38

134 Dr. Jim B. Tucke: „Kinder erinnern sich – Dem faszinierenden Phänomen der Wiedergeburt auf der Spur", E-Book Ullstein-Verlag, Berlin 2014

135 Penny McLean: „Gestorben ist noch lange nicht tot – Was uns wirklich im Jenseits erwartet", E-Book Ansata-Verlag, München 2018, Seiten 33 und 134

136 Penny McLean: „Gestorben ist noch lange nicht tot – Was uns wirklich im Jenseits erwartet", E-Book Ansata-Verlag, München 2018, Seite 129

137 Jack Hawley (Hrsg.): „Bhagavad Gita - Der Gesang Gottes", eBook München 2002, Kapitel 3, Seite 62